ヘアヌードの誕生

芸術と猥褻のはざまで
陰毛は揺れる

Yasuda Rio
安田理央

イースト・プレス

ヘアヌードの誕生

芸術と猥褻のはざまで陰毛は揺れる

いん‐もう【陰毛】陰部に生える毛。しものけ。

わい‐せつ【猥褻】男女の性に関する事柄を健全な社会風俗に反する態度・方法で取り扱うこと。性的にいやらしく、みだらなこと。「――な行為」

はじめに
日本人にとって陰毛とはなんだったのか

とある雑誌の仕事でアダルトメディアの年表を作っている時に、気づいた。

「そういえば2021年はヘアヌード解禁30周年になるのか」

あれから、もう30年になるというのが信じられなかった。

1991年、筆者は小さな広告代理店でコピーライターをやっていた。篠山紀信が撮影した2冊の写真集、樋口可南子の『water fruit』、そして宮沢りえの『Santa Fe』が社内でも話題になっていたことを思い出す。上司が買ってきたその写真集を女性社員までが、先を争うように回し読みしたのだ。

初めて見た時、陰毛が写っている写真集というだけでドキドキした。

そしてその2年後に筆者はフリーライターとして独立し、週刊誌やエロ雑誌などで仕事をしていた。ちょうど、雑誌にヘアヌードが掲載されはじめた頃だった。一般誌ではヘアヌードが出てるのに、なんでエロ雑誌ではダメなんだろうと不思議に思った。

それから30年。もう誰も陰毛が写っている、写っていないなどということを話題にしなくなった。若者と話すと、かつて日本では陰毛が御法度であったという事実に驚かれたりする。考えてみれば筆者だって、人生のうちヘア解禁以降の方が過ごしてきた時間は長い。

それが30年という年月なのだ。

そもそも英語では陰毛のことはピュビック・ヘア（Pubic hair）と呼び、ヘアは頭髪のことを指すのが普通だが、日本ではヘアだけでも陰毛を表す言葉として使われている。同時に頭髪のこともヘアと呼ぶから、ややこしいのだが。

日本で陰毛のことを「ヘア」と呼ぶようになったのは、70年代頃かららしい。

『性の用語集』（井上章一＆関西性欲研究会 講談社現代新書 ２００４年）では、その最も古い例として、『別冊小説現代』（講談社）１９７０年1月号に掲載された田中小実昌の小説「味噌汁に砂糖」に「おれは両手をひろげて、友子の頭とアンヨのあいだのヘアをなで…」と書かれていたことを紹介している。田中小実昌は１９７１年の「香具師の旅」でも、「恥ずかしいおヘアー」という表現もしている。

雑誌では『週刊プレイボーイ』（集英社）の１９７４年4月2日号の「そよ風がパンティの中に忍びこみ萌えいずる春、下半身ヘア考」という見出しが初出らしい。

そして「下半身ヘア」「アンダーヘア」のように組み合わせた言葉ではなく、「ヘア」単独で陰毛を表すようになったのは、その翌年の１９７５年以降で「ヘア摘発」「ヘア解禁」といった使われ方が定着している。

そして90年代初頭にヘアヌードという言葉が生まれた。もちろん海外では通じない和製英語である。

1967年生まれの筆者は、陰毛が猥褻の境界線となっていた時代に思春期を迎えた。だから「ヘア解禁」が叫ばれていた状況をよく覚えている。「ヘアを猥褻視する日本は遅れている。欧米でそんな話をしたら笑われる」と「先進的な」意識を持っている人たちは、そう語っていた。ヘアを語ることが文化を語ることだった時代があったのだ。

だからこそ実質的「ヘア解禁」となった90年代は社会を揺るがすような騒動になったのだ。

それから30年経った今、あの騒動は何だったのかを記録しておこうと思った。アダルトメディアの歴史を研究することをライフワークとしている筆者にとってはそれは避けて通れないテーマであった。

しかし、「ヘア解禁」を語ろうとすれば、それは90年代周辺を語れば済むという問題ではなかった。

なぜ日本では陰毛が猥褻とされたのか、その理由を探るには西洋の古代の美術史から語らねばならなかったのだ。

結局、陰毛表現の歴史を遡って紀元前3万年前の人類最古の壁画にまで至るという長い長い旅となったのである。

美術もポルノもひっくるめた性表現において、陰毛とはどんな意味があったのか、その一点においてのみ調べ上げたのが本書である。そして90年代までの日本人がいかに陰毛というものに振り回されてきたのかという記録だ。

今となっては、「あれは何だったのだろう」と思ってしまうほど、それは滑稽なことなのかもしれない。事実、陰毛をめぐる様々な悲喜劇がそこに展開されてきた。大成功を収めた者もいれば、犯罪者として逮捕されてしまった者もいる。

たかが陰毛である。女性の下腹部に生えている体毛に過ぎないのだ。だが、それを見せようとする側と、決してそれを見せまいとする側は戦いを繰り広げてきた。

その攻防の歴史を追うことは、日本人にとっての猥褻観を検証することでもあった。

そしてこれもまた、まぎれもなく日本文化史のひとつなのである。

まずは筆者が子供の頃、小学2年生だった1975年から話を始めたいと思う。

当時の理髪店は順番を待っている間に漫画がたくさん読める場所だった。雑誌も単行本もたくさん置かれ、顔なじみの理髪店だと、調髪が終わった後も、続きを読ませてもらったりもした。

いつものように号遅れの『少年マガジン』（講談社）を読んでいた筆者は、目を疑うような衝撃を受けた。

その頃の『少年マガジン』は「おれは鉄兵」（ちばてつや）、「釣りキチ三平」（矢口高雄）、「うしろの百太郎」（つのだじろう）といった人気漫画が連載されていた。「愛と誠」「空手バカ一代」「紅の挑戦者」と一人で3作品も連載していた原作者・梶原一騎（「紅の挑戦者」は高森朝雄名義）の黄金時代でもあった。

その号、6月29日号の表紙は手塚治虫の「三つ目がとおる」、巻頭特集は映画「タワーリング・インフェルノ」だった。

そんな中に永井豪の「イヤハヤ南友」という漫画があった。当時、永井豪は「けっこう仮面」「おいら女蛮」といった作品で、小学生男子の間ではエッチな漫画家の代名詞的な存在となっていたのだ。

『月刊少年ジャンプ』（集英社）の「けっこう仮面」や『少年サンデー』（小学館）の「おいら女蛮」に比べると、『少年マガジン』に連載されていた、この「イヤハヤ南友」は、今ひとつパッとしないドタバタ学園漫画という感じで、エッチ度も低いという印象があったが、それでもここのところ、特殊能力を持つセクシーな女番グループ、イヤハヤ十人衆が登場してからお色気シーンが増えてきている。

永井豪のエッチな漫画なんかを読んでいるのが他人にバレたら恥ずかしい。女性のハダカに興味はあるけど気は小さい小学2年生の筆者は、『少年マガジン』を立てるようにして、コソコソと「イヤハヤ南友」を読み始めた。

舞台となる権金学園を二分する勢力であるイヤハヤ派とハテサテ派が父兄参観試合で激突するという展開で、健康度を競う保健体育の試合として、耐冷テストを行うという回だった。

表紙からして、ツインテールの全裸の少女が頬を赤らめながら腕で胸を隠しているという画で、

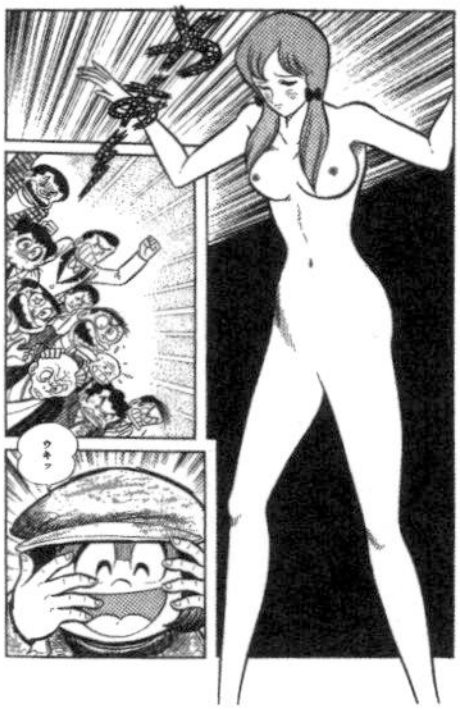

永井豪「イヤハヤ南友」
（講談社1975年）
3巻200頁より

「ウヒヒヒ　麗造子ちゃんのかわゆ～いはだかが見られるヨン!!」というキャッチコピーが書かれている。

興奮を抑えきれずにページをめくる。耐冷テストに際して、ハテサテ派の選手である2年P組の冷東麗造子がガウンを脱いでいくところから始まる。選手は全裸になって水風呂に入らなければならないのだ。

会場いっぱいの全校生徒の好奇の視線の中で、羞恥に悶えながらガウンを脱ぎ、さらにブラジャー、ショーツと脱いでいく冷東麗造子。両手で胸と股間を押さえて裸身を隠そうとしているが、レェフリーが冷酷にも「違反がないかしらべる。両手をあげなさい」と命令する。

顔を真赤に染めながら、おずおずと両腕を掲げる冷東麗造子。

1ページをぶち抜くように大きく彼女の裸身が描かれる。スレンダーな体つきだが、乳房はなかなか大きい。そして、しなやかな曲線を持った彼女の下半身まで、何も隠すものもなく描かれていたのだ。しかも両脚は肩くらいの幅に開かれている。

こうしたエッチな漫画では、股間があらわにされるシーンが描かれる時でも、物や吹き出しなどで巧妙に隠されているのが普通だった。しかし、この全裸の冷東麗造子は下腹部もそのまま描かれているのだ。

そこは、ツルンとした無毛だった。何も無かった。

今、思えば、ただ描かなかっただけなのだ。性器も陰毛も描くわけにはいかないからだ。当時、人気を集め始めていた官能劇画でも局部は描けなかった。ましてや少年漫画誌である。単に空白として、作者はその部分を描かなかったに過ぎない。

しかし、当時の筆者は、女性のそこには何も無いのだと思いこんでしまった。それほど、その冷東麗造子の全裸画は強烈なインパクトがあったのだ。

ちなみに、それまでエッチ度は低かった「イヤハヤ南友」はこの耐冷テスト以降、急激にＳＭ色を強め、結果的には永井豪作品の中でも１、２を争うほどのエッチ度の高い作品となっていく。

この後も、父兄参観試合では多くの哀れな女生徒選手たちが全校生徒の前で全裸を晒すことになるのだが、その股間は、やはりいつも無毛であり、なにもないツルンとした下腹部であった。

女性の股間には、何もないのだ。小学生の筆者はそう思い込んだ。

しかし、そうすると、なぜ「イヤハヤ南友」の男性キャラクターたちは、その何もないところを見て、あんなに喜んでいたのか？　何もなく、ただ肌があるだけならば、お腹や背中と同じではないか。

いや、一緒にお風呂に入った時、母親や親戚のおばさんなどの股間には黒々とした茂みがあったはずだ。あれは何なのか？　でも、従姉妹の女の子の股間には何も無かったような気がする。

と、なると大人になると毛が生えるのか？　もしかしたら子供を産んだりすると生えるのかもしれない。だからいわゆるヌードグラビアなどに出てくるような若い女性の股間には、何もないのだろう。

そんな考えを裏付けるように、チラチラと小学生の視界にも入ってくる、芸術としての裸体画や彫刻の女性の股間にも、何もなかった。どれを見ても下腹部はツルリとした無毛だ。やはり、女性の股間には何もないのだ。下着を脱がしたリカちゃん人形の股間のように。

『芸術新潮』（新潮社）１９９２年8月号の特集「芸術的な、あまりに芸術的な〝ヘア〟」の中の「〝ヘア〟でたどる美術史」という早稲田大学教授の丹尾安典との対談で、国際日本文化研究センター助教授（当時）の井上章一がこんな発言をしている。

井上　僕ら、小学校の高学年から中学へ行くころ、大問題になったわけですよ。西洋人には毛がないんやろうか、剃っとるんやろうか。それとも美術の約束事なんやろうかと……。（中略）ともかく物心つく間に大人になったら生えるのが普通だということはわかるじゃないですか。だけど、小学校の五、六年生ぐらいになって、美術全集なんかでヨーロッパの名画とかを見始めるようになると「あれっ、生えてないなあ」とか疑問わきませんでした？

井上氏は、これを日本人と西洋人の違いだと考えたわけである。自身にも発毛が訪れる小学校高学年頃に考えたということもあるだろうが。

筆者もさすがに小学校高学年になると、女性の股間には性器があるということは知識としては理解していた。

そして、どうやら、自分がかつて考えていたよりも、ずっと若い年齢から、そこには陰毛と呼ばれる毛が生えるのだということも、わかってきた。

なにしろその頃になると、自分や自分の周りの友人たちの股間にも、うっすらと毛が生え始めていたからだ。

ヌードグラビアなどに出てくるような女性モデルの股間にも、本来は毛が生えているはずなのだ。しかし、親の読んでいた週刊誌のヌードグラビアを盗み見ても、女性の股間は写らないようにしているか、あるいは無毛のように画像処理されていた。

結局、女性の股間は、どうなっているのか。筆者はモヤモヤした気持ちを抱えたまま成長していく。

そして、次第に、日本では性器はもちろん陰毛を見せることが禁じられているのだということがわかってきた。

小学校から中学校に上がろうという時に、ビニール本ブームが訪れた。その頃、聴き始めた若者向けのラジオ番組でもビニ本の話題が取り上げられたりした。

恐らく谷村新司とばんばひろふみの「青春大通り」（文化放送）という番組だったと思う。谷村新司はビニ本コレクターとしても名を馳せた人だからだ。

彼らはしきりに「毛が透けて見える」というようなことを驚き、喜ぶように繰り返し語っていた。そうか、陰毛は見えると嬉しいものなのか。思春期を迎えた筆者の心に、そんな価値観が刻み込まれた。

80年代に突入しようとしていたこの時期、陰毛はそう簡単には見られないような貴重なものだったのだ。

この本を手に取ったあなたが、もしも90年代以降の生まれだったとすれば、この感覚はわかりづらいかもしれない。

しかし80年代以前の日本においては、猥褻とは陰毛そのものを指していたのだ。

まずはそれを頭においてから、本書を読み進めて欲しい。

ヘアヌードの誕生＊目次

第四章 ヘアヌードの誕生 165

第一章

陰毛をめぐる世界史

女性の股間には何も無かった

日本は世界でも珍しいほど、街角や公園などの公共の場に裸婦像が設置されている「裸婦像王国」だ。

日本で最初にパブリック・アートとしての裸婦像が設置されたのは1951年。皇居濠端の三宅坂小公園の「平和の群像」がそれである。「愛情」「理性」「意欲」を象徴する3人の全裸の女性の像だ。

実はこの台座は、それまで建っていた寺内元帥騎馬像のものを流用している。軍人像から平和の裸婦像への移り変わりは、正に時代を象徴するものであったのだろう。このニュースは『Time』などの海外メディアでも取り上げられた。

しかし、いきなりの裸婦像である。これが猥褻なものではないという意図を当時の人々に理解させることは、かなり大変な作業だったはずだ。

それでも、それから多くの彫刻家がその後に続き、日本全国に無数の裸婦像が作られるに至るのだ。

「平和の群像」の3人の女性は、乳房も尻も十分に発育した成熟した肉体を持っている。しかし、その下腹部には陰毛は生えておらず、ツルツルである。

そして、この後に数多く作られた裸婦像のほとんども、その部分に陰毛は無い。

北海道を中心とした野外彫刻の裸婦像をウォッチしているzookoo11 氏による「裸婦像放浪記」というブログがある。２０１３年10月から始まって、２０２０年６月の更新までに１４７体の裸婦像（一部着衣のものもある）を紹介しているのだが、その中で陰毛が表現されているのは、クラーク像で知られる彫刻家・坂担道による網走市網走美術館前の「悶」ただ一体のみである。その「悶」にしても、それが陰毛なのか、ブロンズの材質による凹凸なのかは、はっきりしない。

日本で最もパブリック・アートとしての裸婦像が作られたのは90年代だが、筆者が子供の頃である70年代でも、かなりの数の裸婦像が身近にあった。

千代田区隼町の三宅坂小公園内にある
銅像「平和の群像」（1951年）。
菊池一雄制作、正式名称「広告人顕頌碑」

それは、当時の子供が、唯一見ることの出来た立体的な女性の裸だったのだ。

そして筆者も、芽生えかけの性的好奇心で、そうした裸婦像を眺めては、「やっぱり女のアソコって、なんにもないのかな」などと不思議な気持ちになっていたのだ。

男性の裸体は美しいが女性の裸体は恥ずかしい

裸婦像の股間に陰毛が表現されなくなったのはいつからなのか。その回答を探るには紀元前４世紀にまで遡らなければならない。

初めて作られた等身大の女性の裸身像は古代ギリシャ時代、彫刻家プラクシテレスによる「クニドスのアフロディテ」である。

それまで古代ギリシャでは、全裸の男性（神）の像は数多く作られていたが、女性の像は常に着衣のままであった。

これはアポロンをはじめとする男神は裸であったが、女神は衣をつけているべきだという宗教上の理由もあった。そして、それとともにギリシャでの男女の服装の違いも大きかったようだ。男性は肌の露出した服装が普通だったが、女性は頭から足までを隠すような服を着ていたのだ。

また男性がスポーツ競技をする時も、選手は全裸だった。鍛え抜かれた筋肉を誇り、均整の取れた男性の肉体は美しいものとされていた。

だからこそ古代ギリシャでは男性の裸身像が数多く作られたのである。こうした裸身像では、ペニスまでしっかりと写実的に作られている。それは恥ずかしいものではなかったのだ。

一方、女性の肉体は衣服で念入りに隠されていたことからもわかるように、おおっぴらに見せるべきものではない恥ずかしいものだという認識があったのだろう。

ここでまた筆者は永井豪の漫画「イヤハヤ南友」のワンシーンを思い出してしまうのだ。

権金学園での父兄参観試合での三角木馬試合（こんな試合があるのだ！）の選手となってしまった放送委員のイボ痔小五郎が試合のために裸になるというシーンだ。

イボ痔小五郎は颯爽と全裸になると、こう言い放つ。

「男性のヌードは美しいもので、けっしてはずかしいものではな～い！」

そして大観衆の前で、「あ…ホレ、ア、コリヤ、きれきれきーれい」と歌いながら股間を晒して裸踊りをする。

するとそれを見ていた対戦相手の女生徒マーガレット・フレンドは、

「ああ～っ。はずかしいあたしたちの体とちがって……男性のヌードってなんて美しいものなのかしら……」

と感動して涙を流すのである。

とはいえ、この後に下半身裸になるマーガレット・フレンドの姿に、イボ痔小五郎や観客が歓喜するのと同じように、隠されている恥ずかしいものだからこそ、女性の体を見たいと考えていたのはギリシャ人も同じであった。

「クニドスのアフロディテ」が作られるより前の紀元前5世紀前半の作である「ルドヴィシの玉座」には、アフロディテ＝ヴィーナスが海から生まれるシーンが浮き彫りされている。女神二人が左右からアフロディテを引き上げようとしているのだが、生まれたばかりのはずなのに、なぜかアフロディテは衣をまとっている。やはり女神の裸身を彫ることには抵抗があったということだろう。

しかし、その衣は極めて薄い布で、アフロディテの肌にぴったりと張りつき、体のラインをはっきりと見せ

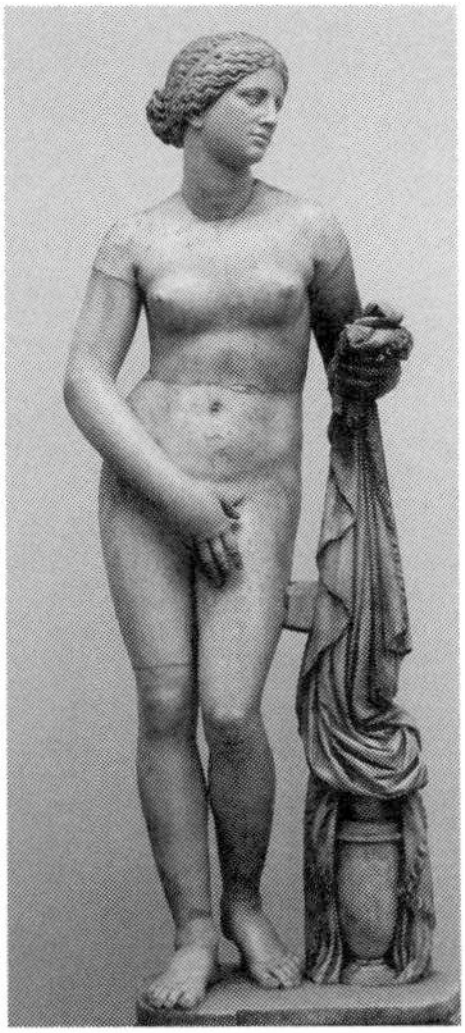

「クニドスのアフロディーテ」復元（オリジナルは紀元前4世紀）。Ludovisiコレクション蔵

「ルドヴィシの玉座」(紀元前460年頃)。
ローマ国立博物館蔵

てしまっている。ある意味で、全裸以上にエロティックだ。

他にも強い風で服が体に張りついているといった女神像もあり、裸にしないまでも、柔らかな女体を描き出したいという欲求は、この時代の彫刻家たちにもあったようだ。

しかし、なかなか全裸にはさせられない。いつまでもセミヌードどまりの女性タレントのグラビアのような状態だったのだ。

その一線を、ついに超えたのがプラクシテレスの「クニドスのアフロディテ」だったというわけだ。

実際は、それ以前にも小さな彫刻としては、全裸のアフロディテ像も作られているのだが、礼拝の対象となる等身大の彫像は「クニドスのアフロディテ」が最初ということになる。

これが作られたのは紀元前350年から340年頃というから古代ギリシャ時代も終焉に近い時期だ。

この像は、左手に布(衣)を持っており、水浴を終えて上がってきたところとも、これから水浴に入るところとも言われているが、一説によると女神が全裸であることに抗議があったため、プラクシテレスは脱いだ衣と壺を後から付け加えて、水浴の後だと言い訳をしたらしい。初めてのオールヌードは、やはり衝撃的だったのだ。

またプラクシテレスは当初、着衣と全裸の2種類の像を作ったが、先に売れたのは着衣の方だった。結果的には、全裸の像の方が有名になり、見物客が押し寄せて観光名所とまでなるのだが、当時としては全裸の像はそれほど刺激的な存在だったということだ。この像を観るためだけにクニドスまで船に乗って来る者も多かった。

股間が猥褻となった瞬間

ここで注目したいのは、アフロディテが右手で股間を隠していることだ。ややこぶりな乳房は堂々と晒しているものの、股間を見せるのは恥ずかしいということか。

ここに、「乳首はいいけれど、さすがに股間までは見せられない」というプラクシテレスの意識を読み取ることが出来る。公の場に展示するのに許されるのは乳首までというわけである。

クニドスではこの像は屋外の神殿に配置され、どの角度からも見ることが出来たという。後ろから鑑賞すれば、尻も丸見えだ。

となると、ある意味で、この時に乳首や尻と、股間の間に一線が引かれたのではないだろうか。女性の肉体において、股間以外は美しいものとして認めるが、股間は隠されるべきもの＝猥褻だと。

また、そっと右手で股間を隠しているものの、その下から陰毛がはみ出ている様子はない。

実はこの「クニドスのアフロディテ」のオリジナルは失われてしまい、現存していない。今、見ることが出来るのは、後に作られた49体のレプリカであり、そのいずれもがオリジナルの完成度には及ばないといわれている。

なにしろオリジナルは、その美しさに興奮して抱きついてしまった者がいたというほどの官能美を放っていたそうだ。

レプリカはそれぞれ造形が微妙に違い、股間を隠す右手の指の位置などもバラバラなのだが、下から陰毛が見えているレプリカはない。いずれも、そこはツルリとした無毛の部分として作られている。

「クニドスのアフロディテ」以降、古代ギリシャ、そして古代ローマでは数多くの裸婦像が作られるようになるが、どの像にも性器はもちろん、陰毛の表現を見ることは出来ない。

股間は、手や衣類で隠されるか、もしくは無毛のツルリとした何もない下腹部となっているのだ。

彫刻として性器や陰毛を表現するのが難しかったから、あえて作らなかったのではないかという考えもあるかもしれないが、男性の裸体像では、しっかりとペニスも陰毛も作り込まれているのだから、その理屈は成り立たないだろう。

無毛にされた理由として考えられるのは、当時のギリシャでは婦女子が陰毛を剃る習慣があったためというものだ。剃毛に使用される専用の剃刀も発見されている。

またギリシャでは処女が崇拝されていたため、成熟のシンボルである陰毛を避けたという説もある。当時の裸婦像のほとんどの乳房が小ぶりなものであることも、そこに由来している。処女の小さな乳房こそが女神にふさわしいと古代ギリシャでは考えられていたのだ。

実際には「クニドスのアフロディテ」のモデルとなったのは、処女どころか、プラクシテレスの愛人であった娼婦のフリュネとクラティネだったのだが……。

しかし、それよりも女性の股間＝陰毛と性器は猥褻であるため、公共の場に置かれる像に存在することはふさわしくないと考えられたとする方が自然であろう。猥褻でないのであれば、無毛であっても女性器を表現してもいいはずだからだ。

そうすると、男性の性器や陰毛は美しいもので、猥褻ではないということになる。もっとも、こうした像で勃起した男性器を表現したものも見当たらないので、あくまでもセックスと切り離した場合に限られるのだろうが。

女性器の場合、男性器のように平常時とセックス時の区別を表現することが難しいために、まとめて排除されたのだろうか。

作家・澁澤龍彥は古代のヴィーナス像についての文章「処女にして娼婦」の中で、「クニドスのアフロディテ」が右手で股間を隠していることについて、こう書いている。

ここで初めて、美術の歴史のなかに、意識的な活動としてのエロティシズムが採り入れられたと言ってもよいであろう。（中略）すなわち性の行為や表現は、それ自体ではべつにエロティックではない。そのイメージを意識的に喚起したり、暗示したりすることがエロティックなのである。

――『芸術新潮』1975年11月号

プラクシテレスは、猥褻な部分を隠すことによって、エロティシズムを表現した初めての芸術家になったのだ。

3万年前のヘアヌード

古代ギリシャ以前の文明、そして他の地域の文明では状況は違っていた。

まず女性器を描いたものでは世界最古とされるショーヴェ洞窟の壁画を見てみよう。南フランスのカルスト谷の側壁にあるショーヴェ洞窟は1994年に発見され、その内部には3万2千年前に描かれたという数百点の壁画がある。

その最深部の「奥の部屋」の天井から垂れ下がっている石灰石の錐体に描かれているのはバイソンとライオン、そしてその中央に黒い三角形があり、それが女性の下半身だといわれているのだ。バイソンに抱かれる女性の下半身とも、半人半獣とも解釈されているが、この世界最古と思われる「裸婦画」には、しっかり陰毛が描かれているという点に注目したい。いや、陰毛しか描かれていないといってもいい。この絵においては、女性＝陰毛なのである。

またオーストリアのヴィレンドルフで発見された約2万9千年前の後期旧石器時代のものと思われる女性像は乳房と腹、そして尻が極端に肥大しており、性器と思われる裂け目もはっきりと彫り込まれていた。その一方で顔も手も無く、いわば生殖に関する女性の特徴のみを表したような像となっている。

他の地方で発掘された旧石器時代の女性像も、すべてこのような特徴を持っており、いずれも裸である。

これは子供を産むという女性の機能への敬意や畏怖から、繁殖に対する祈りが像に込められていると考えられる。

旧石器時代から、後の時代の女性像にも受け継がれている表現手法として、逆三角形のシンボルがある。ほとんどの女性像の下腹部には逆三角形が刻み込まれているのだ。中には他の身体的パーツは省略され、まるで逆三角形のみの存在のような造形の像まである。

紀元前2500年頃に使われていたというシュメール文字においても女性の性器は逆三角形で示されたし、その後のインドやオリエント地方、南部ヨーロッパなどでも同じように使われている。

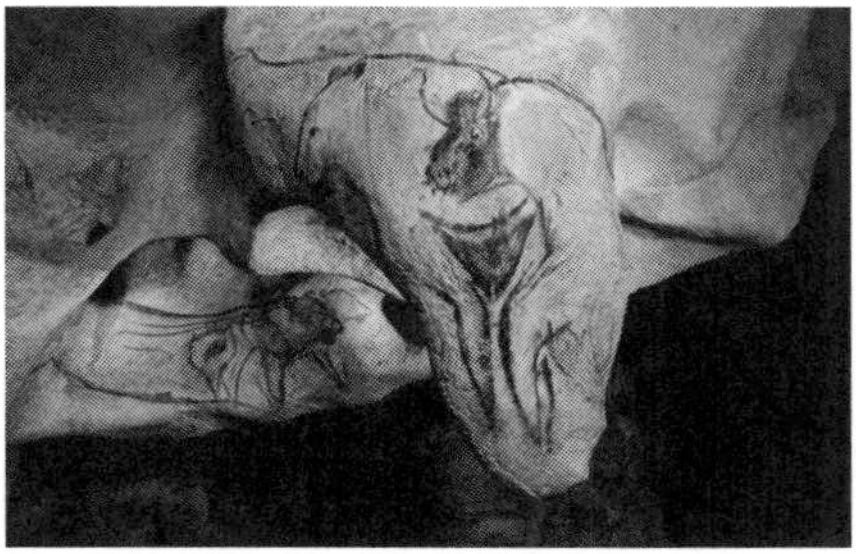
フランス南部アルデシュ県にある
ショーヴェ洞窟の壁画（3万2000年前）

ショーヴェ洞窟の女性画を思い起こすまでもなく、逆三角形は陰毛の生えた女性の下腹部を表している。その部分に多くの点を打って逆三角形を描いているものもあり、これなどは明らかに陰毛そのものだ。

豊穣多産への祈りが根本にあった女性像だが、時代が進み古代ギリシャ文化に至った時、それは切り離されてしまった。

そして女性の聖なる「逆三角形」は隠すべき恥ずかしい場所となった。

その部分は手や布で隠されるか、もしくは何もないツルツルの状態で表現されることとなった。

公の場で、乳房や尻を見せることは許されても、その部分だけは許されない。

なぜならば、そこは猥褻だからだ。

この概念はこの後も長く西洋美術を縛り続けることとなる。

ローマ文化が衰退し、キリスト教が支配する中世を迎えると、裸体を表現する美術は受難の時代へと突入する。

ギリシャ・ローマ文化では、神は人間と同じ姿をしているという考えの下、人間の肉体は美しいものとして、裸体は積極的に美術のモチーフとされていたが、キリスト教は肉欲を罪と考え、裸体表現も禁じられた。

特に、「クニドスのアフロディテ」以降、全裸や半裸が当たり前になっていたアフロディテ＝ヴィーナスは、異教の神として弾圧された。

その復活は14世紀から始まるルネッサンスまで待たなければならない。

古代ギリシャ・ローマの文化を復興しようというルネッサンスはイタリアから始まり、そして西欧各国へと広まっていった。

そして復興される文化の中には、長いこと失われていた裸体美術もあった。サンドロ・ボッティチェリの「ヴィーナスの誕生」を筆頭に、数多くの芸術家が男女の裸体表現に挑んだ。

実はそれ以前にも裸体を描いた美術が皆無だったわけではなく、アダムとイブなど、聖書に出てくる場面を描くといった試みはかろうじて許されていた。

逆に言えば、そんな口実を使ってでも裸体を描きたいという欲望を芸術家たちは持っていたのだ。

裸体はそれほどまでに、魅惑的なモチーフなのだろう。

それがルネッサンスの到来により解放されたのだ。長い間、追放されていたヴィーナスも多くの美術家により新たな生命を吹き込まれることとなった。

まず、前述のボッティチェリの「ヴィーナスの誕生」を見てみよう。1482〜1485年頃に描かれたこの絵は、ルネッサンス初期を代表する作品として有名であり、大手ファミリーレストラン「サイゼリヤ」の店内にレプリカが飾られていることでも知られている。ヴィーナスというと、巨大なホタテ貝の上に立つこの姿を思い浮かべる人も多いだろう。

サンドロ・ボッティチェリ「ヴィーナスの誕生」
(1482年〜1485年頃)。ウフィツィ美術館蔵

宙を舞う風神ゼフュロスと、布を被せようとする季節の女神ホラに挟まれて立つヴィーナスは、頬を赤らめながら右手で乳房を、左手と長い栗色の髪で股間を隠している。顔立ちや体つきは、あきらかに少女のそれ（誕生したばかりだとすれば赤ん坊なのだが）であり、裸体を見られることを恥じらっているかのように見える。

紀元前4世紀のプラクシテレスによる「クニドスのアフロディテ」では、右手で股間を隠していただけだが、その後に作られた「カピトリーノのヴィーナス」や「メディチのヴィーナス」では、右手で乳房を、左手で股間を隠すというポーズをとっており、これは「恥じらいのヴィーナス」、あるいは「慎みのヴィーナス」と呼ばれるポーズとなる。ボッティチェリの「ヴィーナスの誕

生」もこのポーズをとっている。

これは、女性にとって、恥ずかしいので隠すべき部分は二つの乳房（乳首）と股間の3ヶ所であるということを意味している。この場合、尻は丸出しになってしまうのだが、それよりもこの3ヶ所を守りたい、ということだ。

カルミネ聖堂のフレスコ画であるマサッチオ「楽園追放」（1425年～1427年頃）では、蛇にそそのかされて善悪の知識の実を食べてしまったアダムとイブが楽園から追放されるシーンが描かれているのだが、イブは胸と股間を隠しながら泣いている。善悪の知識の実によって「恥」の概念を知ったイブにとって、恥ずかしくて隠すべき部分は、その3ヶ所だったのだ。

この「恥じらいのヴィーナス」ポーズは、現在でもセミヌードのグラビアなどでよく使われている。全裸になっていても、乳首と股間さえ隠していれば、フルヌードではなく、セミヌードとなるわけだ。しかし、羞恥心を強調しているように見えるこのポーズ、全裸以上にエロティックさを感じさせるのだ。

長い年月を経てボッティチェリが蘇らせた「恥じらいのヴィーナス」ポーズだが、「ヴィーナスの誕生」では、さらなる要素が付け加えられている。それは、左手だけではなく、長く伸びた栗色の髪の先端も使って股間を隠していることだ。

現在でも、浜崎あゆみの1999年のアルバム『LOVEppears』のジャケットなど、伸ばした髪で乳首を隠すという「髪ブラ（髪ブラジャー）」という手法は、セミヌードグラビアなどでよく使われているのだが、さすがに髪で股間を隠す「髪パンツ」は、あまり見かけない。尋常ではないほどに髪を伸ばすことが必要になるからだろう。

しかし、この「髪パンツ」、なかなかにエロティックな効果がある。股間を隠すための髪の毛が、あたかも陰毛を連想させるのだ。もしかしたら、この髪の毛の中に陰毛が混じっているかもしれない。そんな妄想すら想起させるのである。

そもそもヴィーナスが立っている大きなホタテ貝自体が女性器の暗喩なのだ。日本でも、女性器を貝に例える表現はよく使われるが、世界各地でも同様の例がある。

神話の中には、ヴィーナスと貝を結びつける記述はないようだが、古代ギリシャ時代からヴィー

サンタ・マリア・デル・カルミネ大聖堂
ブランカッチ礼拝堂に描かれたマサッチオ「楽園追放」
（1425年〜1427年頃）

浜崎あゆみ『LOVEppears』（1999年）

ナスと貝を結びつけた彫刻は数多く作られている。やはり、そこにエロティックなイメージを重ね合わせようという意図があったのだろう。

ボッティチェリが「ヴィーナスの誕生」で描いたヴィーナスそのものは、まだ肉体的な成熟を見せていない少女であり、官能美にはほど遠いように思えるが、それでもそこには、ようやくエロティックな絵を描けるという、この時期ならではの喜びを読み取ることができるのではないか。

ちなみに、両手を使って乳房と股間を隠す「恥じらいのヴィーナス」ポーズだが、あまりにもエロティックな印象が強くなるためか、この後はほとんど使われることがなくなる。

それでは、ヴィーナスはすべてをさらけ出してしまったのかといえば、そうではなく、股間だけは執拗に隠す方向へと向かう。

ボッティチェリの「ヴィーナスの誕生」から二十数年後の1510年にジョルジョーネが描いた「眠れるヴィーナス」は、田園風景の中で全裸でまどろむヴィーナスを描いたものだ。イタリアで最初に「ヌードのために描かれたヌード絵画」とも呼ばれ、その後も数多く描かれることとなる横たわる裸婦像の原型ともなった。

穏やかな表情で目を閉じたヴィーナスの肉体は柔らかそうな曲線を持ち、官能美をたたえた肉感的なものとなっているのだが、股間はしっかりと左手で隠されている。小ぶりな両の乳房は堂々とさらけ出されているのにである。

さらに1538年に、ヴェネチア派の巨匠ティツィアーノ・ヴェチェッリオが描いた「ウルビーノのヴィーナス」は、侍女のいる屋敷の一室のベッドの上で全裸で寝そべっており、もはや神話の中の女神ではなく、現実世界に存在する女性だ。意味ありげな目でこちらを見つめているが、股間は「眠れるヴィーナス」同様、しっかりと左手でガードされている。

スイスのヨーゼフ・ハインツの作とされてきた「眠れるヴィーナス」（１６０８年前後）は太腿をよじって股間を隠しているし、スペインバロックの巨匠ディエゴ・ベラスケスの唯一の現存する裸婦画である「鏡を見るヴィーナス」（１６４４年〜１６４８年頃）は後ろを向いてこちらに豊かな尻を見せている。

ヴィーナスではなく、最初の人類であるイブ（エヴァ）、もしくはパンドラを描いた作品だが、

ジョルジョーネ「眠れるヴィーナス」（1510年）。
アルテ・マイスター絵画館蔵

ティツィアーノ・ヴェチェッリオ
「ウルビーノのヴィーナス」（1538年）。
ウフィツィ美術館蔵

フランス人画家による初のヌード絵画と言われるジャン・クーザンの「エヴァ・プリマ・パンドラ」（1550年頃）では、股間は布で隠されている。

ドイツのアルブレヒト・デューラーによる「アダムとイブ」（1505年〜1507年）のように小さな木の葉でギリギリ隠しているものもある。

いずれも乳房や尻は惜しげもなく見せているのに、股間だけは死守しているのだ。

その手や布で隠された部分には、いったい何があるのか。

実は何もなかった。イタリアのラファエロ・サンティの「三美神」（1503年〜1505年頃）は、左右がこちらを向き、中央がむこうを向いている3人の女神の裸身を描いたもので、この構図は古代ギリシャ時代から何度もモチーフにされている伝統的なものである。左の女神は腰になにやら薄い布を巻いているのだが、右の女神は全裸で股間もあらわにしている。しかし、その股間には、何も描かれていない。

古代ギリシャの彫刻と同じである。そこには陰毛も、女性器を前から見た時に見えるはずの亀裂も何もないのだ。

これは、この当時の他のヌード絵画でも同様である。女性の股間は一切描写されることはなかった。

初めて陰毛が描かれた絵画

そして時代が進むにつれ、ヌード絵画は、肉感的で官能美にあふれる描写をどんどん高めていった。ポーズやシチュエーションなども、よりエロティックなものが生まれていったが、それでも股間に関しては素通りだった。

ルネッサンスを経て、裸体を描くことが許されるようになっても、それは神話や聖書の中のエピソードなどの宗教的なモチーフに限られていたからだ。女神であるなど、現実世界の女性ではないという意味を強調するために、生々しい印象をもたらす陰毛を描くことがはばかられたのであろう。

フランシスコ・デ・ゴヤ「裸のマハ」
（1795年～1800年頃）。プラド美術館蔵

まだまだヌードを描くためには、言い訳が必要だったのだ。

ところが18世紀から19世紀に時代が変わろうとしていた時、スペインの画家フランシスコ・デ・ゴヤはある作品を描いた。

「裸のマハ」（1795年～1800年頃）である。

ルネッサンス以降、イタリアなどではヌード絵画が盛んに描かれていたが、厳格なカトリックの国であった当時のスペインでは、まだ許されていなかった。

そんな状況の中で、ゴヤがスペインの宰相であったマニュエル・

デ・ゴドイに注文されて描いたのが「裸のマハ」だった。

この絵は、公に発表されることはなく、ゴドイの邸宅に隠され、来客などにこっそりと見せていたという。さらに数年後にゴドイは同じポーズで服を着ている「着衣のマハ」を注文する。これは上に重ねて「裸のマハ」を隠すためとも、並べて見比べて楽しむためとも言われている。

実はイタリアなどで盛んに描かれていたヴィーナスを始めとするヌード絵画も、個人が所有し、個人的に楽しむものであり、聖堂などの公共の場で展示されるものではなかった。結婚の祝品として贈られ、新婚夫婦の寝室に飾られることが多かった。ある意味で、後に語る日本の春画・枕絵に近い性質があったのだろう。

裸体賛美の時代とされるルネッサンス期だが、それでもまだまだヌードに対する抵抗は強かったのだ。

とは言え、半ば解禁状態のイタリアなどとは違い、スペインはヌードに対しては厳しかった。その後、この絵を描いたことでゴヤはカトリック教会で異端審問にかけられてしまったほどである。

しかし「裸のマハ」が睨まれたのは、単に女性のヌードを描いたからだけではなかった。

ここに描かれている全裸の女性(マハは女性の名前ではなく、マドリードの下町の小粋な女性という意味のスペイン語)は、神話の中の女神ではなく、生身の人間だったからだ。

そのモデルは、注文主のゴドイの愛人だったペピータとも、ゴヤとの関係も噂された社交界の華であったアルバ公爵夫人ともいわれている。

あくまでも宗教的なモチーフとしてヌードは描かれなければならないという当時の不文律をゴヤ

は破っていたのだ。

「裸のマハ」は西洋美術史上、初めて理想化されていない現実の生身の女性を描いたヌード絵画なのだ。

そしてもうひとつ、この女性のぴったりと閉じられた太腿の付け根には、うっすらと黒い陰りが描かれている。

そう、「裸のマハ」は西洋美術史上、初めて陰毛を描いた絵画でもあるのだ。

陰毛は、この女性が神話の世界の女神ではなく、今、この世界に生きている人間の女性なのだという意味を持っていた。

しかし、この後も長い間、ヌード絵画で陰毛が描かれることはなかった。

新古典主義の名作と言われるドミニク・アングルの「泉」（１８２０年~１８５６年頃）にしても、描かれている女性の下腹部はツルツルとした無毛の荒野が広がっているばかりである。

19世紀、ヌード絵画は黄金期を迎える。まだまだ性的な規律は厳しかったが、その中で画家たちは神話や物語の形を借りて、エロティックな世界を描き出していた。

ドミニク・アングル「泉」
（1820年～1856年頃）。
オルセー美術館蔵

この時期のフランスでは、芸術アカデミーが開催するサロン（官展）で画家が作品を発表することが出来た。それまで一部の富裕層だけが楽しんでいたヌード絵画を一般の人々も観ることが出来るようになったのだ。

しかし、そこで描かれる女体は、相変わらずツルツルの股間だけではなく、理想化されたプロポーションと生々しさのない肌の質感を持ったものだった。いわばCGで描かれたヌードイラストのような質感だ。

美術評論家の多木浩二は、この時期のヌード絵画についてこう表現している。


（前略）それらのヌードはあらゆる生物的な細部をほとんど消し、艶やかではあるが一様に滑らかな皮膚に包まれた抽象的な身体になっていた。「ヌード」とは人間が素裸になるどころのものではなかったのだ。「ヌード」というもうひとつの衣装を身に纏ったのである。剥きだしになった下腹部も滑らかな膨らみのある表面として股間に消えていく曲面になり、性を欠落したかのような表現をとっていた。

——『ヌード写真』岩波新書　１９９２年

もちろんそこには現実感がないゆえに醸し出されるエロティックな魅力はあるのだが、その脱臭された表現に不満を持った者もいた。

「目に見えるもののみを描く」「絵画とは現実を描くべきである」と宣言したギュスターヴ・クールベを筆頭とする写実主義の画家たちだ。

そのクールベが１８６６年に描いた衝撃的な作品がある。

ベッドの上で左右に大きく脚を広げた裸の女性の下半身が画面一杯に描かれた絵だ。そしてそれは、当時のヌード絵画のように股間の描写を省略していない。つまり、黒々と生い茂った陰毛はもちろん、陰唇をくっきりと見せた亀裂までも描かれている。片方の乳首は覗いているものの、胸から上は白い布で覆われているので、目に飛び込んでくるのは女性器だけというわけだ。神話性も理想も剥ぎ取られたそのままの女性の股間。美しいどころか、グロテスクと感じる人もいるだろう。

そしてタイトルは「世界の起源」というのだから、洒落も利いている（これは後から付けられたものらしいが）。

まるで裏本などの無修正ポルノ写真そのもののこの絵画、今の目で見てもなかなか衝撃的だが、これが19世紀に描かれたのかと思うと、さらに驚きは大きくなる。

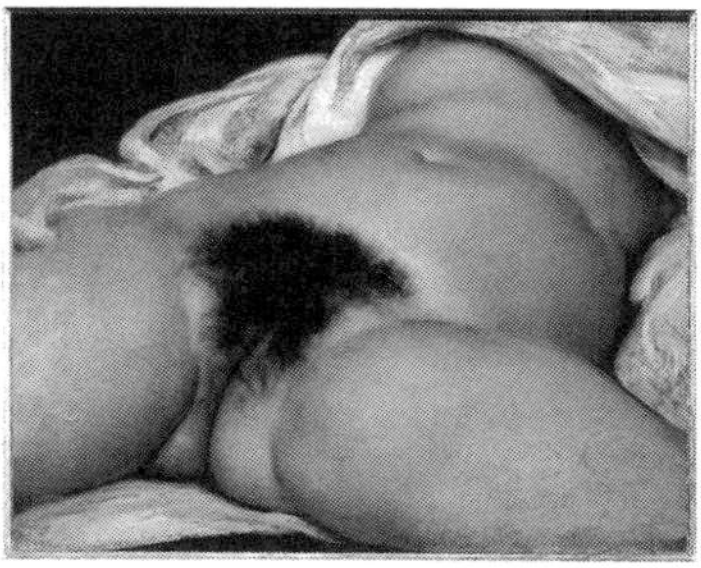
ギュスターヴ・クールベ「世界の起源」（1866年）。オルセー美術館蔵

この「世界の起源」も公に発表されたものではない。オスマン帝国のパリ駐在大使であったカリル・ベイの注文によって描かれ、彼の自宅の化粧室に隠されていたのだ。普段は緑のヴェールに覆われており、限られた友人知人にのみ、この絵を公開したそうだが、とある雪の風景画を鍵で開くと、この絵が現れるという仕組みになっていたという説もある。「着衣のマハ」の下に「裸のマハ」が隠されていたというエピソードを思い出さずにはいられないだろう。

カリル・ベイはこの他にも全裸の女性二人が抱き合うレズビア

ン的な絵画「眠り」をクールベに注文したり、大勢の全裸の女性が画面を埋め尽くすジャン＝オーギュスト＝ドミニク・アングルの「トルコ風呂」を入手していたりと、かなり好色なコレクターだったようだ。

クールベは、他にも多くの裸婦画を描いているが、公に発表した作品では、やはり股間はポーズや角度によって巧妙に隠されており、陰毛すら見えないようになっている。

写実主義の大家といえども、そこはまだ踏み越えられない一線があったのだろう。

２０１８年になって、この「世界の起源」のモデルとなった女性が判明したというニュースが報じられた。なにしろ顔も描かれていないのだからモデルを特定するのは不可能とされており、アメリカ人画家のジェームズ・マクニール・ホイッスラーの恋人であり、クールベとも関係が噂されたジョアンナ・ヒファーナンではないかと推測されていたが（「眠り」のモデルの一人でもある）、パリのオペラ座バレエ団の元バレリーナ、コンスタンス・クニョーだったことが研究により明らかになったのだ。クニョーは、この当時、カリル・ベイの愛人であった。

ショッキングでミステリアスな案件であるだけに「世界の起源」のモデル探しは、長年多くの人々の興味を引いてきた。

クールベが日本の浮世絵に影響を受けたという説や、写真を基にこの作品を描いたのではないかという説もある。

そう、この時代には、もう写真が発明され、ヌード写真も撮られていたのである

ヌード写真のモデルは剛毛が好まれた

実用的な写真技術は１８３９年にルイ・ジャック・マンデ・ダゲールが公表し、発明者の名前からダゲレオタイプと呼ばれた。

銀メッキをした銅板にヨウ化銀の膜を作って、感光させるという仕組みだが、当初は感光させるのに10分から20分という長い時間が必要であった。被写体は、その間、動かずにじっとしていなければならない。撮られるのも重労働だったのだ。

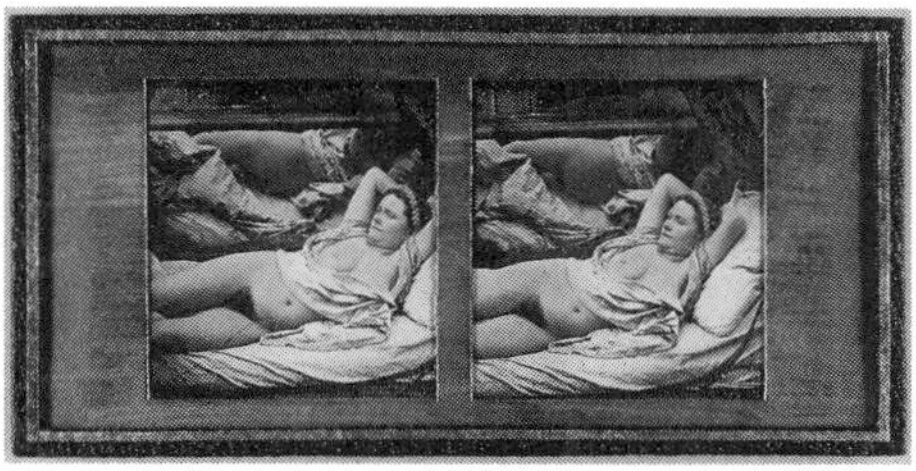

カメラの元祖、ダゲレオタイプのヌード写真
（ヴィンテージ・エロティカ・コレクションより）

にもかかわらず、このダゲレオタイプの発明が公表された数ヶ月後にはもうヌード写真が撮影されたという。ヌードを見たい、記録したいという人間の欲望は、かくも強いのである。

現存するダゲレオタイプのヌード写真を見ると、ベッドに横たわっていたり、椅子に座ったりしているものが多く、全裸のものと着衣をはだけて肌を露出しているものの割合は半々というところだろう。

そしてここで注目すべきは、その股間に陰毛が写っているものが少なくないということだ。「世界の起源」のような露骨な大股開きのポーズは、ほとんど無いが、閉じられた太腿の付け根にはしっかりと陰毛が生えている。

それは当然のことだ。被写体に陰毛が生えていれば、写真はそのままそれを写し取ってしまうからだ。写真を加工する技術でもなければ、そこにあるものは隠さない限り写る。絵画のように、描かなければ現れないわけではないのだ。

もちろん意識的にポーズや服などで、股間を隠しているヌード写真もあるが、陰毛を見せつけるようにしている写真も多い。意識的に陰毛の濃いモデルを起用しているのではないかという説もあるほどだ。

例えば、１８５０年に撮影されたと言われる３人の女性のヌードのダゲレオタイプ写真があるのだが、ラファエロも描いた伝統的なモチーフである「三美神」を意識したポーズにもかかわらず、ご丁寧にも通常は後ろを向いている中央の女性までも前を向き、３人揃って陰毛をさらけ出している。明らかに陰毛を強調しているのだ。

ラファエロ・サンティ「三美神」
（1503年〜1505年頃）。
コンデ美術館蔵

当時は技術的に細かいところまで写らないため、複雑な形状の女性器を撮るのが難しかったという理由もあるのかもしれないが、ダゲレオタイプのヌード写真で、撮影者がこだわっていたのは性器よりも陰毛のように思える。

19世紀のヨーロッパ人も、ヘアヌードが見たかったということだ。90年代初頭の日本人が、陰毛が見えた、見えないと騒いでいたのと同じだったのではないか。

このダゲレオタイプのヌード写真は、もちろん公に発表されるものではなく、そのほとんどが撮影者もモデルも名前は不明である。好事家たちによる匿名のアンダーグラウンドな世界で、こっそりと作られていたのだろう。そしてこの写真を入手した者も、こっそりと一人で楽しんでいたのだ。

ここで、この時期の西洋文化の中で、公的なものと私的なもの、あるいは「開かれた場で見るもの」と、「密室で見るもの」といってもいいかもしれないが、この二つの間に線が引かれ、その境界となるものが「陰毛」だったのではないだろうか？

そして陰毛の向こうには、性器があるのだ。

ゴーギャンは少女の陰毛を描いた

実は、それ以前からアンダーグラウンドな世界で流通していた「無修正ヌード絵画」があった。エロティック・カリカチュア（エロティック・アート）と呼ばれる卑猥な風刺画である。その起源はルネッサンス期にまでも遡れるが、隆盛を見せたのは18世紀に入ってからだ。銅版画によって複製が容易になると、小冊子などの印刷物として一気に流通したのだ。

主に文章の挿絵が多いが、版画だけで流通していたものもあった。これらの版画にはヌードやセックスシーンが描かれており、陰毛や性器もしっかりと描き込まれていた。

内容は政治に対する風刺をモチーフにしたものが主流であり、政治家や聖職者といった権力者をからかったものが多く、マリー・アントワネットやルイ16世も格好のターゲットになった。

また、化粧や自慰、そして浣腸といった女性の秘めたる行為を描いたものも少なくない。見てはいけない（見られてはいけない）タブーをエロティックなものとして捉えることは、いつの時代も変わらないのだ。

パリの盛り場であるパレ＝ロワイヤルはこうした「いかがわしい」出版物のメッカとなっていた。本屋の店頭で半ば公然と販売されたりもしたが、街頭で客に声をかけて売る業者もいた。

ここで売られていたのは8ページから32ページほどの小冊子で、紙質も印刷も劣悪なものであり、価格は5〜6ソル程度。この時代を舞台にした「レ・ミゼラブル」で、主人公ジャン・バルジャンの一日の労賃が24ソルであったことから考えると、現在の物価に換算して1〜2千円くらいだろうか。

非合法な存在ということで、当然当局の取り締まりもあったのだが、たいした効果はあげられずに、実質的には野放し状態だったようだ。

それまではエロティック絵画は、一部の裕福な特権階級がこっそりと楽しむためのものだったが、エロティック・カリカチュアは一般市民が消費するものとなった。

性器までが克明に描かれた卑猥な絵画の印刷物という点では、日本の春画と共通するものだが、フランスと日本という遠い国の間で偶然にも同じ時期に似たような文化が花開いたというのは、興味深い。エロティック・カリカチュアも春画も、どこかユーモラスで奇妙な明るさが感じられる点も共通している。

もちろんこうしたエロティック・カリカチュアも、個人がこっそりと楽しむ「密室で見るもの」であった。

このように19世紀には、アンダーグラウンドでは、すでに陰毛が写ったヌード写真やエロティック版画が出回っているのに、表向きの絵画の世界では、まだおおっぴらに陰毛を描くことは敬遠されていた。

しかし、それでも世紀末を迎える頃には、そのタブーの壁にはあちこちに穴があき始めていた。有名なところでは、ポール・ゴーギャンが描いたタヒチの女性たちが挙げられる。

ゴーギャンが最初のタヒチ滞在中に描かれた「かぐわしき大地」（1892年）は当時、彼の現地妻であったという13歳の少女テフラを描いたものだ。

この絵の中でテフラが取っているポーズは、ゴーギャンがタヒチに渡る前に描いた「異国のエヴァ」（1890年頃）と同じものである。エヴァ、すなわち最初の人類のひとりであるイブを描いたものだが、その顔は自分の母親をモデルとしたものだという。自分の母親と、13歳の愛人のヌードを連作で描くとは、ゴーギャンの業の深さがひしひしと感じられる。

「異国のエヴァ」の股間には、うっすらと陰毛らしきものが描かれている。陰毛が描かれたイブは珍しいのだが、ゴーギャンも陰毛なのか影なのか、よくわからないようなタッチでそれを描いている。神話の中の登場人物であるイブ、もしくはモデルとした母親に気を使ったのかもしれない。

しかし「かぐわしき大地」のテフラの股間には、はっきりと黒々とした陰毛がデルタ状に生え、股間を覆っている。

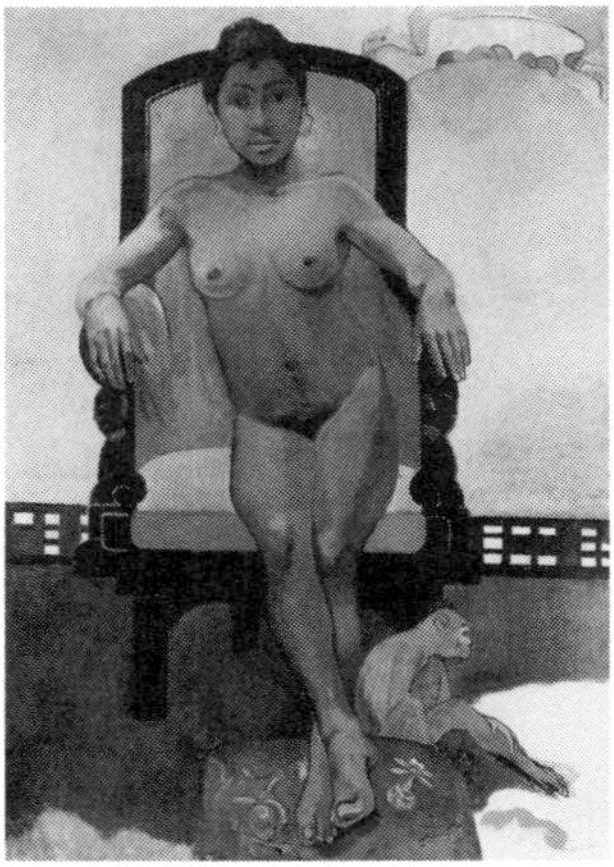

ポール・ゴーギャン「ジャワ女アンナ」（1894年）。個人蔵

古代ギリシャの時代から、陰毛の表現を避ける理由のひとつとして、それが動物的である＝野蛮であるというイメージがあったと思われる。ギリシャの女性が陰毛を剃っていたというのも、衛生上の理由だけではなく、自分たちは文化的であるというアピールがあったのだろう。

そう考えると、テフラの陰毛をはっきりと描いたのは、タヒチの原始的なイメージを強調するため、さらに言えば、いくぶん差別的なニュアンスも感じられる。ゴーギャンは少女の未成熟なイメージよりも、それを優先したのだ。

さらにゴーギャンはパリに戻ってからも13歳のジャワ人の少女（実際にはセイロン出身らしい）アンナを愛人にし、「ジャワ女アンナ」（１８９４年）を描いている。

赤毛の猿を足元にはべらせ、青い肘掛け椅子に堂々たる姿勢で座っている褐色の肌の少女アンナ。閉じた股間にはかなり範囲が広そうに生えた陰毛が見える。

実際のアンナがどんな少女だったのかはわからないが、多くの画家が13歳の少女の裸身を描く時に表現する可憐さ、線の細い不安定さはそこには見当たらない。この絵から感じられるのは、逞しい生命力だ。

常にそのままを写し取る写真と違い、あるはずの陰毛を描かないという手法が一般的であったこの時代に、あえて陰毛を描くということは、そこに意味があるはずだ。

描かれた少女たちが愛人であったことを考えれば、ゴーギャンは彼女たちのその黒々とした陰毛に性的な魅力を強く感じていたということでもあるのだろうが。

陰毛によって中止されたモディリアーニの個展

そして20世紀に入ると、絵画における「ヘア解禁」の機運はさらに高まる。

エロスを追求していたグスタフ・クリムトは当然のように「ヌーダ・ヴェリタス」（１８９９年）や、大作壁画「ベートーヴェン・フリーズ」（１９０１年）などで、陰毛を描いている。

20世紀最大の画家・パブロ・ピカソもまた「青の時代」と言われる時期に描いた「エロティックな場面」（１９０２年）や「月経」（１９０２年）などで、陰毛を描いている。いずれも漫画を思わせるユーモラスな線画で、「エロティックな場面」などはクンニリングスの最中の男女を描いた過激なものだ。舐められている女性は、恥ずかしいのか両手で顔を覆っているが、両脚は大胆にＭ字型に広げられ、陰毛どころか性器までも詳細に描き込まれている。「世界の起源」以上に裏本的である。というよりも、これがピカソのものだと言われなかったら、便所の落書きなのでは、と思うほどに猥褻な絵である。

しかし、それでも「ヘア」に対する抵抗はまだ強かった。

１９１３年にヴァン・ドンゲンがパリのサロン・ドートンヌに出品した「スペインのショール」

が当局から撤去を命じられたのである。

「スペインのショール」は全裸の上に艶やかなショールをまとった女性の絵だが、その股間には黒々とした逆三角形がはっきりと描かれている。それが絵の中央に位置しているためにインパクトが強く、当局の気に触ったのかもしれない。

しかし多くの芸術家や文学者がこの措置に反対の声を上げ、表現の自由をめぐる論争となった。結果的に、この騒動によってドンゲンは名声を得たという。

その4年後の1917年、アメデオ・モディリアーニがパリのベルト・ヴァイル画廊にて初めての個展を行ったところ、警察官が踏み込んできた。

ウィンドウに飾っていた絵に陰毛が描かれているため、これが猥褻にあたるということで、その作品と会場内に飾られていた同様の作品は撤去されてしまった。

ジューン・ローズ著の『モディリアーニ　夢を守りつづけたボヘミアン』（宮下規久朗・橋本啓子訳）には、撤去を求めた警察長官ルセレと画廊店主のヴェイユ夫人のこんなやり取りが記されている。


「それから、私はあなたにあの汚らわしいものをすべて撤収するよう命じます」

ヴェイユ夫人は正当性を主張しようとした。

「幸いにも、美術愛好家の皆様の中にはあなたと違う意見を持った方もいらっしゃいますわ」

「しかし、あの裸婦の絵には」ルセレは赤ら顔を膨らませていった。「け、け、毛が描かれているではありませんか」

通行人たちがその裸婦の絵を見ようとウィンドウが押しつぶされんばかりに押し寄せたというほど人々の興味をひいたというのに、モディリアーニの最初で最後の個展は初日で中止となってしまった。

この時期、サロンや店頭といった「公共の場」においては、陰毛はまだ認められなかったということだ。

ヴァン・ドンゲン「スペインのショール」(1913年)。
ポンピドゥー・センター蔵

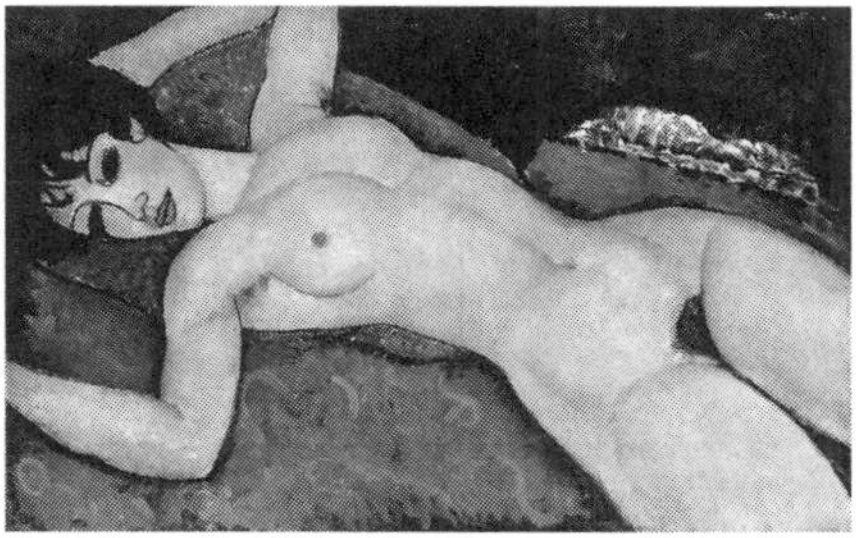

アメデオ・モディリアーニ「腕を広げて横たわる裸婦」
(1917年)。個人蔵

まぁ、街頭に面したウィンドウで陰毛を露出した絵や写真を飾るのは、現在の日本でも問題になるとは思うのだが……。

フレンチポストカードの流行

1839年にフランスで写真の元祖であるダゲレオタイプが発明されてすぐにヌード写真が撮られていることは先に述べたが、これは金属板の表面に直に焼き付けるために、複製が不可能な一点物の写真となっていた。

つまり、ダゲレオタイプのヌード写真を一般庶民が入手することは難しく、裕福な一部の好事家の物だったのだ。

その後、ネガポジ法が開発されるなど、写真は手軽に大量生産できるものへと変わっていった。19世紀末から20世紀初頭にかけて、フランスではフレンチポストカードと呼ばれる写真絵葉書が大流行する。お土産品という性格上、風景画も多かったが、中でも特にパリの美しい女性をモチーフとしたものが人気を集め、フレンチポストカードは世界中に広がっていった。

そしてこのフレンチポストカードには女性のヌードを描いたものや撮影した写真のものも、数多く作られていた。

こうした写真では、当時の主流であるヌード絵画のように股間を手や布で隠していたり、ツルツルの無毛状態に処理されていたりするものもあったが、ダゲレオタイプ時代のように誇らしげに陰毛を見せつけているものも多かった。

フレンチポストカードは、豪華な内装の部屋の中でポーズをとる全裸、もしくは半裸の美女という絵画的な構図のものが主流だが、さらにアンダーグラウンドな世界で流通していたものは、大股開きをしていたり、セックスを見せていたりと、ポルノそのものだった。

また時代が進むにつれ、そのバリエーションも広がっていき、女性同士がからみあうレズビアン物や、少女・幼女のヌード、さらにＳＭ物なども増えていった。

ヌード絵画とは違い、モデルの女性たちが、ニッコリと妖艶な笑みを浮かべて見る者を誘惑しているのもフレンチポストカードの特色だろう。

19世紀末から20世紀初頭のフランスで流行した
フレンチポストカード
（「ヴィンテージ・エロティカ・コレクション」より）

フレンチポストカードの流行により、一般の人々も初めてポルノ写真を個人的に所有することが出来るようになった。20世紀の性表現はポストカードから始まった、と言われる所以である。

ヌード絵画の世界でも、前述のモディリアーニやアンデシュ・ソーン、エゴン・シーレ、ポール・デルヴォーなど陰毛を描きこむ画家も珍しくなくなり、それがタブーという意識も薄くなっていった。

また、エドワード・ウェストンやマン・レイなどアートとしてヌード写真にアプローチするアーチストも増えていく。

そして、一般的な人々の性的好奇心を満たすものは、印刷されたヌード写真だった。エロスの主役は移り変わったのだ。

第一次世界大戦、そして第二次世界大戦において若い兵士たちの心を支えたのは、フレンチポストカードや雑誌から切り取られたピンナップのヌード写真だった。

アメリカ最初のストリッパー

1920年代、第一次世界大戦が終結した後のヨーロッパ、そしてアメリカには頽廃的なムードが蔓延していた。キリスト教的な保守的なモラルは崩壊し、性的な文化が花開いていった。

そのひとつがストリップの隆盛だ。イギリスのミュージカル・ショーであったバーレスクがアメリカに渡り、次第にダンサーが裸身を見せるストリップが主体のショーへと変化していった。

アメリカ最初のストリッパーといわれているのが、ヒンダ・ワッサーだ。

シカゴの劇場に出演していた彼女は、遅刻してしまい急いで着替えをしたため、下着を穿くのを忘れてステージに立ち、そのまま脚を高く掲げてダンスをしたために、客の前に性器を晒してしまったのだという。その事件が大きな話題となり、彼女は人気者となった。1928年のことである。

これをきっかけにアメリカではストリップが注目を集めることとなり、ジプシー・ローズ・リーやアン・コリオなどの人気ストリッパーが活躍した。

1926年にオランダの医師ヴァン・デ・ヴェルデが書いた『完全なる結婚』が世界的なベスト

セラーになったことも性意識の大きな変化を象徴する出来事だ。

結婚生活と性行為についての解説書であり、夫婦間のセックスにおいては性の快楽を追求するべきであり、女性もセックスでオーガズムを得ることが必要だという主張は、それまでの男性主体のセックス観に大きな変化をもたらすことになる。またオーラルセックスの重要性を訴えたことも画期的だった。

なにしろ1927年に喜劇王チャップリンが二人目の妻、リタ・グレイと離婚する際に、彼女が法廷で「フェラチオというおぞましい行為を強要された」と訴えたほどだったのだ。この時期まで、オーラルセックスは、アンモラルな行為だという認識が強かったのである。

ちなみに1909年には全米各州でオーラルセックスを禁止する法律が出来ている。

世界初のポルノ映画はアルゼンチンで制作された

写真技術の発明と同時にヌード写真が撮影されたように、映画も発明されてすぐにエロティックな映画が制作されている。

映画の始まりは1895年にフランスのリュミエール兄弟による撮影・上映とされているが、翌1896年にはアメリカでキスをフィーチャーした短編映画『ザ・キス』が制作された。しかしカトリック教会からの抗議により、公開は中止になってしまったという。

そして1897年にはフランスで、貴婦人が服を脱いで裸になったところへ、メイドがお湯（実際は砂）をかけるという『舞踏会のあとの入浴』などの短編映画も作られる。よく見ると貴婦人は全裸ではなく薄い下着を着たままだし、後ろ向きなのだが、その豊かな尻は丸出しとなっており、当時これを見た人々が衝撃を受けたことは想像できる。

その10年後にアルゼンチンで制作された『エルサタリオ』は世界最初のポルノ映画のひとつだといわれている。山の中で、なぜか全裸の女の子6人が遊んでいると悪魔（仮面を被った男）が現れて、彼女たちを犯してしまうという内容。

フェラチオやシックスナイン、そして体位を変えつつのセックスまでしっかり見せ、射精した精液が女性器からドロリとこぼれおちるところまで見せるなど、ハードコアポルノそのものである。もちろん女性たちの黒々と生えた陰毛もしっかりと見えている。

20世紀初頭には、『エルサタリオ』を作ったアルゼンチンのブエノスアイレスがこうしたポルノ映画を大量に制作し、ヨーロッパ各国に秘密裏に流通していた。

その一方、一般的に上映される映画の中にも少しずつエロティックなシーンが描かれるようになり、保守派から規制が必要ではないかという声が高まってきていた。

アメリカでは1934年からアメリカ映画製作配給業者協会による映画製作倫理規定、通称「ヘイズ・コード」が実施された。

「ヘイズ・コード」は、暴力や犯罪などの反社会的な描写や不道徳な表現を禁止したが、性に関する制限もかなり細かいものであった。

例えば、不倫を公然と描くこと、性的倒錯、異人種間混交（特に白人と黒人の性的関係）、低俗な劣情を刺激するような描写などは制限された。

そして完全なヌード、下品な露出、過度の露出も禁じられた。

20世紀前半までのアメリカは世界でも有数の性に厳しい国だったのである。

それでも、スタッグ・フィルムと呼ばれるアンダーグラウンドなポルノ映画は作られ続けていたし、19世紀末からドイツを中心にひろがっていたヌーディズム（裸体主義）運動をドキュメンタリーとして撮った映画なども流行した。

50年代になると性をテーマにしていたり、セクシーな描写がある映画が増え、そうした作品が映画賞を受賞するなど高い評価を得ることもあり、ヘイズ・コードも規制を緩和しなければならない状況へと追い込まれていく。

さらにヘイズ・コードの審査を受けない独立プロダクションによるエロティック映画も増えていき、それらはヌーディー・キューティー映画と呼ばれた。

１９５９年に公開されてヒットした『インモラル・ミスター・ティーズ』は後にヌーディー・キューティー映画や巨乳映画の巨匠と称されることになるラス・メイヤー監督の初期の代表作だが、これは独立系とはいえ、映画館で上映された初めてのヌード映画でもあった。ヌーディズム映画が「ヌーディズムを報道する」といった理由を建前に男女の裸体を映していたのとは違い、純粋にエロティックなものとしてヌードを撮影したのだ。

ヘイズ・コードは次第に形骸化してゆき、１９６８年にはその映画を見ることのできる年齢に制限を設けるレイティングシステムへと移行した。

そして世界はポルノ解禁へと向かっていた。

そしてポルノは解禁された

アメリカの性意識を変えたきっかけのひとつが、1953年に創刊された雑誌『プレイボーイ』である。世界初の男性誌と言われる『エスクァイア』の宣伝担当だったヒュー・ヘフナーが手掛けた『プレイボーイ』は、ヌードグラビアを目玉にしつつも、インタビューやルポなど記事も充実させ、都会的で洗練された男性をターゲットにするという斬新な編集方針で大ヒット雑誌となった。

無名時代のマリリン・モンローをグラビアに起用した創刊号は5万部がすぐに売り切れた。3年目には100万部を超える発行部数を記録し、全米一の男性誌となった。

『プレイボーイ』の高級感のあるヌードグラビアは、それまでのヌード雑誌の持っていた安っぽい猥褻感を払拭するものだった。

そして60年代までの『プレイボーイ』のヌードグラビアは陰毛を写さないようにしたソフトなものだった。

アメリカの「猥褻」に対する風向きが大きく変わったのは、1957年にヌード写真を中心とした雑誌『アメリカン・アフロディテ』の出版を郵便で広告宣伝した業者のサミュエル・ロスが告発された時だ、最高裁は「猥褻なものであっても、埋め合わせになる社会重要性」があれば無罪になることがあるという見解を示した。つまり、科学的、芸術的見地から意味のあるものであれば、猥褻であっても許されるということだ。

以降、アレン・ギンズバーグの『吠える』、D・H・ロレンスの『チャタレイ夫人の恋人』、ヘンリー・ミラーの『北回帰線』、ジョン・クレランドの『ファニー・ヒル』など、猥褻に問われていた小説や詩が、無罪となる判決が続出した。

さらにポルノ解禁の波が北欧から始まった。まず1960年にスウェーデンが陰毛の表現を解禁した。そして1967年には、デンマークが一般猥褻法の廃止、すなわちポルノ解禁の先鞭をつける。1967年には文章が、そして1969年には写真絵画に関しても非犯罪化されたのだ。

続いて1971年にスウェーデンも出版の自由基本法を改正しポルノを合法化した。この波はノルウェー、西ドイツと、ヨーロッパに広がっていく。

アメリカ政府も1967年に「わいせつとポルノに関する諮問委員会」を設置し、ポルノの社会的影響の大規模な調査に乗り出す。1970年にまとめられたその調査結果は「ポルノが青少年の性犯罪を誘発するという因果関係はない。ポルノの販売を禁じる法律は廃止すべきである」というものであった。

陰毛表現関係のトピックスとしては、1968年にブロードウェイで上演されたミュージカル『ヘアー』のクライマックスで出演者たちが全裸になるというシーンがあり、話題となった。観客の前に堂々と陰毛が披露された初めての例といえるだろう。

そして1969年、『ペントハウス』がヌードグラビアで陰毛を見せ始めた。

イギリスで創刊された『ペントハウス』は1969年にアメリカ進出を果たし、『プレイボーイ』

よりも過激なグラビアで人気を集めていたのだ。

しかし、そうなると『プレイボーイ』としても黙ってはいられない。ついに1971年から陰毛露出に乗り出した。

この年の日本の雑誌『現代』（講談社）7月号に、テディ片岡（片岡義男）による「現代ポルノ学入門」なる、海外ポルノのキーワードを解説した特集があるのだが、「プレーボーイ誌」の項では、こう書かれている。

Playboy　プレーボーイ誌
六百万部の発行部数を誇る、世界最大の男性娯楽雑誌Playboyが一九七一年一月号のセンターフォールドのプレイメイトのブロンドの恥毛を五十本ほど露出させた事件は、やはりアメリカ社会史の一ページに確固として記されるべきではないだろうか。

海の遥か向こうの国である日本にまで、衝撃を与えたニュースだったのである。

少し変わった話題としては、1968年にジョン・レノンとオノ・ヨーコが発表したアルバム『トゥー・ヴァージンズ』が問題となったという事件がある。このアルバムのジャケットは二人が全裸で寄り添って立っているというものだったのだ。オノ・ヨーコの乳房と陰毛も、そしてジョン・レノンの陰毛と陰茎までもが丸見えなのだ。アメリカでは二人の顔とタイトルだけが見える穴をあけた紙のカバーに入れて販売された。

１９７２年6月、ニューヨークで『ディープ・スロート』が公開される。喉にクリトリスがあるという女性を主人公にしたハードコアポルノ映画である。男女ともに性器は無修正で、接合部までアップで見せる。そしてヒロインが喉で快感を得るというストーリー上、フェラチオシーンがふんだんに折り込まれている。

そんな映画がアメリカを代表する大都会ニューヨークで堂々と公開され、空前の大ヒットを記録したのだ。さらに8月には、もうひとつの伝説的なハードコアポルノ映画『グリーンドア』も公開され、こちらもヒットする。

これがアメリカの事実上のポルノ解禁となり、ここに至る動きは「性革命」と呼ばれた。

１９７３年には、『プレイボーイ』『ペントハウス』に次ぐ人気の男性誌『ハスラー』が、性器どころか、それを指で押し開いて内側まで見せる「ビーバーショット」を掲載。

もはや、陰毛が見えた、見えないなどと騒ぐ時代は過ぎ去っていた。

１９７７年にアメリカに渡り、現地の性事情をルポした立花隆の『アメリカ性革命報告』（文藝春秋　１９７９年）では、日本とはあまりに違うそのエスカレートぶりに唖然とするという下りがある。

> アメリカに着いて、まずすぐ目につくのは、ポルノ雑誌の氾濫である。街のそこここにあるニュース・スタンド、キオスクにずらりとその手の雑誌がならんでいる。価格はだいたい一ドル

ジョン・レノン＆ヨーコ・オノ
『トゥー・ヴァージンズ』
（1968年）

七十五セントから二ドル二十五セントの範囲である。

（中略）局部はあらゆる角度から写され、局部のみの拡大写真もいくつかある。私が目を通したものの中で一番迫力があったのは、「ハスラー」七七年七月号が「等身大」と銘打ってのせた、特大折込写真である。これは新聞全紙大（つまり新聞の見開き二ページ分）の大きさのヌード写真で、モデルがななめに横たわり、こちらに局部を突き出す形で両脚を大きく広げている。両手の親指を小陰唇にあてて両側に広げ、ワギナの奥まで見せながら目をつぶって陶然としている。等身大より少し大きめで、小陰唇の広げられた部分だけで、タテ八センチ、ヨコ四センチもの大きさになっている。

——『アメリカ性革命報告』

さらに立花隆はそうした雑誌を手当り次第に買い集め、これらが日本に持ち込まれた場合、何カ所マジックで塗りつぶされるか、つまり輸入が許されないかという数字を示している。雑誌の誌名を含め、当時のムードがよく伝わってくるので、引用してみよう。カッコ内は特に性器まで見せているもの、その下の数字は、それらの写真に登場しているモデルの数だ。

「プレイボーイ」	29	（4）	女48男10
「ペントハウス」	30	（19）	女23男4
「ハスラー」	55	（36）	女42男6

「ジェネシス」	21（7）	女14男8
「ギャラリー」	40（19）	女34男3
「シック」	24（12）	女15男5
「クラブ」	50（22）	女29男2
「スワンク」	37（19）	女22男8
「ハイ・ソサエティ」	48（21）	女37男18
「ウイ」	29（3）	女20男4
「シェリ」	122（83）	女75男48

――『アメリカ性革命報告』

「ともかく大変な数のモデルたちが、毎号性器をさらしているということがわかっていただけよう」と、立花隆は日本の状況とのあまりの違いに驚きを隠せない。

なにしろ日本では、陰毛の表現が事実上解禁されるまでにそこから20年の歳月が必要となったのだ。

第二章

奪われた日本の陰毛

日本人にとって女性の裸体は興奮の対象ではなかった

そもそも日本人は裸体に興味がなかった。

西洋の美術家たちが、宗教的なものだという言い訳をしてまで裸体像や裸体画で表現しようとした、あの情熱は日本人にはなかった。

19世紀以前に全裸の像が作られた例はほとんどなかったし、当時の日本を代表するエロティック表現である春画でも、全裸の男女を描いたものは、あまりない。

春画に登場する男女は常に着衣であり、衣服をはだけて交わっている。男性器、女性器は非現実的までの大きさにデフォルメされ、克明に描写されるのだが、その肉体自体が描かれることはない。

江戸時代より前の時代に描かれた春画では全裸のものも少なくないのだが、それでも性器の描写に比べると、肉体の描き方はずいぶんぞんざいである。西洋美術のように、肉体自体が持つ美しさを表現しようという意思は全く見られないのだ。

現在の感覚からすれば、信じられないことかもしれないが、19世紀以前の日本人は、女性の肉体そのものに性的魅力を感じることはなかったし、それを美しいと感じることもなかったのだ。

これは当時の日本人は、発育がよくなかったため、女性らしい身体つきをしていなかったことが根底にあるのかもしれない。

日本美術史や江戸文化論を研究しているイギリス人学者のタイモン・スクリーチは『春画　片手

で読む江戸の絵』（講談社選書メチエ　１９９８年）の中で、

日本を含め漢方を用いるどの国でも、内的な差異が大いにあげつらわれる一方、外的なそれは大して問題にされなかった。春画もこの典型で、男の体も女の体も生殖器以外は同じものとして扱いがちである。女性の乳房さえ軽い扱いで、ましてフェティッシュ化などしない。春画が唯一性的関心を惹く場として描く部分は乳首《ニップル》だが、これだって男性身体にもある部位である。

と指摘している。

春画では、男性も女性も顔も身体つきも、ほとんど同じように描かれている。男性はたくましく筋肉質で、女性は豊かな曲線を持った身体つきで、という描き分け方はされていない。そのため男女の性差を表現するために、着衣はしっかりと描かれるし、そして唯一の身体的差異だと思われていた生殖器は、詳細なまでに描き込まれる。そして当然、陰毛も省略されることはない。

日本の春画の始まりは、平安時代だと言われている。当時は偃息図（おそくず）と呼ばれ、そもそもは中国から伝来したものだったが、平安時代には既に性器を巨大に描くという日本独自のスタイルが生み出されている。

現存する最古の春画である「小柴垣草紙絵巻」は鎌倉時代の１２９９年頃に描かれたといわれる

ので、平安時代中期の皇室でのスキャンダルが題材とされている。男女がセックスやクンニリングスしている様を克明に描いた絵巻で、なるほど既に性器はかなりデフォルメされている。貝のように口を開いた女性器、雄々しく屹立した男性器、そしてその周囲には陰毛がびっしりと描き込まれている。グロテスクといってもいいほど、その描写はインパクトがある。

以降、春画は多くの絵師によって描き継がれていくが、その世界に大きな変革が起きたのは江戸時代のことだ。それまで絵師による肉筆の一点物であった春画が、木版印刷により大量生産が可能となり、裕福な上流階級だけのものから、庶民の手に届くようなものへと変わっていったのだ。

現存する最古の春画「小柴垣草紙絵巻」（1299年頃）

この時期の代表的な絵師が菱川師宣だ。元々は物語の挿絵としてのイメージが強かった版画絵を主役へと押し上げたのが菱川師宣であり、浮世絵の父とも呼べる存在である。そして春画も数多く手掛けていた。

というよりも、鳥居清長、喜多川歌麿、葛飾北斎、歌川国芳、歌川国貞など、名だたる絵師のほとんどが春画を描いており、当時の日本において春画を描くことが恥ずかしいことだという認識はなかったようだ。

しかし１７２２年（享保7年）に春画や艶本は「風俗の為によろしからざる」という理由により

取り締まりの対象とされてしまう。

それでも絵師や版元の名前を隠すなどして、こっそりと販売は続けられていく。実際には取り締まりもそれほど厳しくはなく、表向きにはないこととしながらも、手に入れようと思えば、割と簡単に入手できた。

この在り方は、同じ時期にヨーロッパで盛り上がりを見せたエロティック・カリカチュアや、80年代の日本でブームとなる裏本と同じだといえるだろう。

春画や艶本の流通に大きな役割を担っていたのは貸本屋である。貸本屋は仕入れた本を木箱に入れて背負い、家々を1軒ずつ回っていた。このラインナップの中に、春画や好色本もあった。レンタルなので、当然購入するよりも安価で楽しむことができる。

また春画は成人男性だけのためではなく、女性や子供も見ていた。さらに肉筆春画では掛け軸や屏風に仕立てられたものがあり、客を招いた時に一緒に見るといった楽しみ方もされていたようだ。

当時の日本におけるポルノ（春画をポルノ視することを否定する人も多いが）の受け入れられ方は、現在とはだいぶ異なっていたのである。

少なくともオナニーのために見るだけのものではなかった。

陰毛が彫れるようになって一人前

しかし、なぜ春画は性器を巨大にデフォルメして描くようになったのだろうか。前述の通り、平安時代に既に性器を大きく描くという手法が定着している。これは伝来元である中国の偃息図には見られなかった特徴だ。

美術評論家・性哲学者の福田和彦は、『浮世絵春画一千年史』（人類文化社 1999年）の中で、それが性器崇拝の信仰によるものではないかと述べている。

日本においては森羅万象のすべてが神であり、生殖という神秘的な行為・快楽という感覚も神としてとらえられた。男性器、女性器を模した彫刻が神体として祀られ、男女の性交図が道祖神として作られた。

わが国の春画もかかる神威的なデフォルメであって、猥褻性を強調するものではない。むしろ道祖神の絵画化として見るべきであろう。

——『浮世絵春画一千年史』

春画では、陰毛の形状や濃淡にも意味をもたせている。

大和絵古画時代は（中略）多毛で、いわゆる箒形である。多毛であることは好色の象徴する身体表現。次ぎに火炎形、擬宝珠《ぎぼうし》形になり、女陰部の上部、周辺部をかこむような描写になった。さらに種別化されて描きようは変わった。処女や遊女であれば薄毛であった。これは吉原の郭などの遊女は年令にかかわらず薄毛に見せる除毛化粧をしたからである。毛が薄いことは若さ、女陰美の艶《つや》めいた美しさを見せるためであった。
私娼（密淫売）、芸者、女房、妾などの市井《しせい》の婦女子は多毛、濃密な恥髪によって描きわけられた。これもまた春画の繊細な表現美であった。

――『浮世絵春画一千年史』

春画での陰毛の表現にかける情熱には驚かされる。
美術史家の早川聞多は歌川国貞の『花鳥余情　吾妻源氏』での陰毛の繊細な彫り方に舌を巻く。これは男が女の膣内を拡大鏡で覗いているというユニークな絵なのだが、その陰毛の表現が凄まじいのだ。

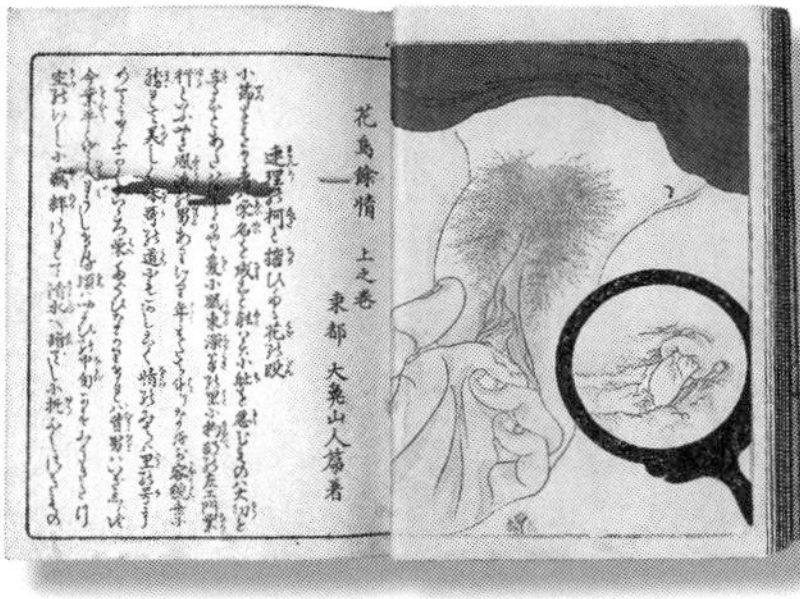
歌川国貞『花鳥余情 吾妻源氏』
（1837年頃）

拡大写真を見ると、何よりもまずその複雑に絡み合った繊細な下毛が一本一本入念に彫られ、しかも一切暈《ぼ》けずに摺られていることに驚嘆する。密集した箇所では一ミリに三本は彫られている。扉絵の髪毛の毛彫と比べてもその細さに遜色がない。しかも櫛で梳いた髪毛に対して下毛は一本一本が縮れており、一本の内に太細《ふとほそ》があるのである。この毛彫を見ていると、彫師は春画の毛彫ができて初めて一人前だという当時の職人の言葉が頷《うなず》ける。さらに接写写真を見ると、その墨線に濃淡はあるが、絡み合う毛の支点に目立った摺溜《すりだまり》や重なりは見られない。

――『春画　ジャパノロジー・コレクション』角川ソフィア文庫　２０１９年

ヨーロッパのエロティック・カリカチュアや中国やインドの春画でも陰毛は描かれているが、これほどまでに描写にこだわったものは類を見ない。

陰毛は性器を構成する一部として、性器同様に重視されたということもあるだろう。

民俗学者の赤松啓介は『性・差別・民俗』（河出書房新社　２０１７年）の中で、陰毛の発育が男性にとっても、女性にとっても肉体的に一人前となったことを意味していたと述べている。

私は第二次性徴憑としての陰毛の発生と生育は、外なる神の来臨を立証するシルシであったと思う。すなわち第一次性徴憑としての初潮、露茎は、内なる神の成熟と逸出であり、その内と外との接点、この境界の深さと秘密性とが、いわゆる思春期の世界であった。

子供から大人に成長した証としての陰毛の発育に神秘的な力を感じたということだろう。

後の時代の話になるが、戦時中には、兵士たちは女性の陰毛をお守りとして身につけていたということも、よく知られている。

ノンフィクション作家の石井光太は『飢餓浄土』（河出書房新社　２０１１年）の中で太平洋戦争時に広まった陰毛のお守りについてこう触れている。

女性の陰毛を保持していれば被弾しないとされていた。処女ならばその効力は絶大とされていたという説もある。女性に備わっている聖なる力が男性の命を救うと考えられていたのだ。男性に出征を命じる赤紙が届くと、ガールフレンドが最後の性交のさいに陰毛をブチッと引き抜いて渡したという記録が残っている。妻やガールフレンドがいない場合は、悲しいかな、年老いた母親が代わりに下の毛を息子に送ったらしい。

（中略）

果たしてこれらのお守りに、どれだけの効果があったのかはわからない。だが、少なくとも当時戦地に赴いた男たちは、千人針や女性の陰毛にそれだけの霊力が宿っていると信じていたのであろう。

日本人の陰毛に対する思いは、深いものがあったのだ。

外圧によって姿を消した「裸体」

そんな春画が姿を消すことになったのは１８５３年のペリー来航から始まる開国がきっかけだった。

外国人が日本を訪れることが多くなると、彼らは自分たちとは違うこの国の文化や常識に衝撃を受けた。

その一つが性、そして裸体に対する意識の違いだった。

日本人は裸体自体に性的魅力を感じていなかったため、男女共に裸体を晒すことに抵抗はなく、銭湯での混浴も自然なことだった。

しかし、それは欧米の常識ではありえないことだった。

海外からの訪問者たちは「日本人は淫猥だ」と不快感をあらわにした。

そして春画や艶本もまた嫌悪の対象とされた。

開国により、世界の国々と肩を並べようとしていた新政府はこうした海外からの批判を重く受け止め、１８６９年に混浴、そして春画の販売を禁止する。また１８７１年には、公衆の面前で裸体を晒すことを禁じる「裸体禁止令」も布告される。

これが、あくまでも海外からの目を気にしての禁止令であることが、この後の日本の「猥褻」に関する対応へ大きく影響を及ぼしていく。

明治末期には春画に対する大規模な取り締まりが行われ、多数の逮捕者を出し、数万点に及ぶ春画、艶本、版木などが押収され、廃棄された。

とはいえ、実は明治時代にも春画は作られていた。日清戦争や日露戦争といった戦争時には、春画に「弾除け」の効果があるとして兵士が身につけて戦地へと赴いたという。

春画にそうした効果があるというのは、日本に古くから伝わる風習でもあった。

この時期には軍人をモチーフにした春画が数多く作られている。

しかし、石版画やオフセット印刷が普及すると版画技術の職人たちも姿を消し、さらに写真の普及に従って、春画はその役目を終えることになる。

千年にも渡って、その表現技術を磨き抜かれてきた春画という文化が終焉を迎えたのである。

西洋に渡った画家たち

明治維新後、日本には西洋の文化が勢いよく流れ込んだ。その中に美術もあり、それまでの日本の絵画とは全く違った文脈を持つ西洋画に強く惹かれる者たちも多かった。

山本芳翠「裸婦」(1880年)。岐阜県美術館蔵

そして本場の美術を学ぶべく、フランスへ渡った者たちもいた。

西洋美術には、ギリシャ時代から受け継がれる「裸体」を描く伝統があり、美術教育においても人体デッサンが重視された。

しかし、人間の肉体を「美しいもの」として見る概念はそれまでの日本にはなかったし、そこに魅力を感じることもなかった。初めてこうした西洋美術の感覚に触れた時、彼らは大いに戸惑っただろう。それでも、若い画家たちはそうした概念すら貪欲に取り入れていった。

最も早い時期である1878年にフランスへ渡った山本芳翠は、沼のほとりで白いシーツの上に全裸の女性が横たわっている「裸婦」(1880年)を描き、岩倉使節団にも参加していた百武兼行もローマで「臥裸婦」（1881年）を、そして10歳の頃から開港まもない横浜でイギリス人画家から西洋画の手ほどきを受け、皇室からの仕事も受けていたという五姓田義松もパリで「西洋婦人像」（1881年）を描いている。

いずれも当時の日本人が描いたとは信じられないほどに完璧に西洋画の技術を習得しており、女性の肉体の美しさを見事に表現している。これらは日本人が初めて描いた西洋画の裸婦画だといわれている。

そして、そのいずれにも陰毛は描かれていなかった。山本芳翠の「裸婦」も百武兼行の「臥裸婦」もぴったりと閉じられた太腿の付け根には（ぼんやりとした影はあるものの）あるべき茂みは描かれていないし、五姓田義松の「西洋婦人像」に至っては、陰毛が生えているであろう下腹部のすぐ上で画面が切られている。これは意識的に「陰毛を描かない」という意図が見られる構図だ。たまたま描かなかったのではない。あえて描かないということだ。

日本では陰毛も、そして性器も「描かない」という発想はなかったはずだが、彼らは西洋画である以上、それは描かないという伝統を受け入れたということだろう。

当時のヨーロッパは、まだまだ絵画での陰毛表現は認められていない時期だったのだから。

渡欧した留学生の中に黒田清輝もいた。1884年にフランスへ渡った黒田清輝だが、実は彼の当初の目的は法律を学ぶことだった。しかし、パリで山本芳翠らと親交を深めたことから、画家への転身を決意する。

黒田清輝は1891年にフランス芸術家協会主催のサロンに「読書」を出品し入選を果たし、フランス画壇にデビューする。

さらに1893年にはフランス国立美術協会のサロンで「朝妝《ちょうしょう》」も入選し、その年に9年間の留学を終えて帰国する。

1895年、黒田は京都で開かれた第四回内国勧業博覧会にこの「朝妝」を出品するのだが、それは大きな問題を引き起こした。

ここで、その4年前に起こった「蝴蝶」事件に先に触れておこう。

「蝴蝶」は、言文一致体運動の先駆者として知られる作家・山田美妙が1889年1月発売の雑誌『国民之友』37号に発表した小説だ。

問題となったのは、その小説の内容ではなく、渡辺省亭が描いた主人公・蝴蝶の挿絵であった。

壇ノ浦の戦いで磯に打ち上げられた宮女の蝴蝶は、密かに思い続けていた平家の落ち武者、二郎春

黒田清輝「朝妝」(1893年)。
第二次世界大戦で焼失

山田美沙『蝴蝶』の
渡辺省亭による挿絵(1989年)。
『国民之友』37号掲載

風と再会する。挿絵はそのシーンを描いたものだが、この時の蝴蝶は股間を濡れた着物でかろうじて隠しただけの裸だったのだ。乳房も、臍も、腰のラインもあらわになり、濡れた長い黒髪もあいまって、なるほど確かにエロティックである。そのタッチはシンプルでマンガ的でもあり、ある意味でこれが現代に続くエロマンガの原点となる絵だといえるかもしれない。

この挿絵を含む「蝴蝶」が掲載された『国民之友』が発売されると、大きな反響が巻き起こった。蝴蝶の裸体を描いた挿絵が不謹慎であるという意見と、裸体画を肯定する意見（森鷗外が偽名でこちらの論陣に加わっていた）が新聞の投書欄などで意見を戦わせたのである。

裸体禁止令が発令された1871年から、わずか18年で、「裸はけしからん」という意見が一般的になりつつあったのである。

女性の裸が性的な意味を持つのだと、日本人が意識し始めたということだ。この時期から日本では、女性の肉体は「猥褻」になり、隠されるべきものとなった。

それは男性にとって女性の裸は「見たいもの」になったという意味でもある。この騒動で『国民之友』は2万部も増刷する人気となり、出版界には裸体画全盛時代が訪れるのである。

だが、この風潮をよしと思わない内務省は、その年の11月に裸体画の発売を禁止する令を出した。女性の裸体は性的魅力があるものだという西欧の価値観を取り入れることで、日本人は矛盾を抱えることになる。

それが表面化したのが、その後に起きた「朝妝」事件、そして「腰巻」事件である。いずれもフランスから帰国した黒田清輝の作品をめぐる騒動であった。

内国勧業博覧会は日本の産業促進を目的として初代内務卿大久保利通が推し進めた博覧会であり、第一回は東京の上野公園で開催された。

会場には美術本館、農業館、機械館、園芸館、動物館などが建てられた。全国から集められた出品物は、素材・製法・品質・調整・効用・価値・価格などの基準で審査が行われ、優秀作には賞牌・褒状等が授与された。

第三回までは同じ上野公園で開催されたが、第四回は、平安遷都1100年の記念事業として京都の岡崎公園で行われることとなった。入場者数は約113万人と当時としては異例の大規模なイベントである。

その第四回内国勧業博覧会の美術館で、「朝妝」事件は起こった。

黒田清輝の「朝妝」は、全裸の西洋人の女性が鏡に向かって髪を束ねている光景を描いたものだ。女性の生身の後ろ姿と、鏡に映った前からの姿が描かれ、女性の裸体の豊かな肉感と曲線が表現されている。ちなみに「朝妝」とは、装う、化粧をするという意味である。

前述の通り、「朝妝」は1893年にはフランス国立美術協会のサロンで入選した作品であり、黒田清輝としても留学の卒業試験のような気持ちで描いたのだという。いわば、フランス留学の総決算としての自信作であり、誇らしげな気持ちで内国勧業博覧会に出品したのであろう。

ところが日本では裸体画を美術として受け入れる概念がなかった。開催前にも展示の可否が論議となり、念の為に警察に問い合わせたところ、展示は見送るべきだとの答えを得る。しかし、渡欧経験のある博覧会事務局用掛の山高信離らの尽力もあり、「朝妝」はなんとか展示に漕ぎつける。

実は「朝妝」は、前年に開催された明治美術会第6回展にも展示され、その際は大きな問題もなかったのだ。

それでも、世間の注目を集める大規模なイベントでの展示となれば、意味は違ってくる。

大阪日日新聞の4月5日号に「美術館内の裸体画」という記事が掲載された。

こうした絵は風俗を壊乱するので展示はよろしくないのではないか、といった論調である。

ここで注目したいのは、「油絵原則に撚り両股相接する体勢を顕はし、陰毛を描かず普通一般の油絵として差支へなき由、或る筋の人より聞けり。」という一文があることだ。つまり、こうした絵では股を閉じさせて陰毛を描かないものだ、というのだ。

「朝妝」は残念ながら、その後の空襲によって焼失してしまったのだが、現存している写真を見る限り、確かに下腹部に陰毛のような陰りが見えないこともない。影といい張れば、それはそれで済むような描写である。しかし、それでも大阪日日新聞の記者の目には世の中の風紀を乱す不謹慎なものとして映ったのであろう。

大阪日日新聞は4月23日号でも「醜画陳列に就て」といった記事を掲載している。なんと醜画よばわりである。

さらに他の新聞も「醜怪」「汚点」と「朝妝」展示を非難する。

このように話題になれば、誰しもが興味を持つのも当然だろう。多くの観客が「朝妝」の前に押し寄せた。

それまで裸体美術の概念のなかった日本人にとっては、それは初めて目にする「みんなで見る裸」であった。それをどう捉えていいものか戸惑いを見せるのも当然だろう。そしてその反応は外国人にとっては、興味深いものだったようだ。

ドイツの婦人科医で、日本にも滞在したカール・ハインリヒ・シュトラッツは『生活と芸術にあらわれた日本人のからだ』（訳・高山洋吉　刀江書院　1969年）の中でその様子をこう描写している。

大勢のものがその前に押し寄せて来て、まるで騒動のようであった。男も女も、しばらく絵を見ていて、みなくすくす笑い出した。

フランスの漫画家、ジョルジュ・ビゴーもこの様子を風刺画として残している。こちらの絵に描かれているのは、口を半開きにして唖然とした表情で「朝妝」を取り囲んで眺める人々の姿である。自分の裾がまくれていることにも気づかずに直視できないのか、手で顔を覆っている和服の女性もいる。

「朝妝」を見る人々を描いた
ジョルジュ・ビゴーの風刺画

シュトラッツが書いているように、「朝妝」を見て、笑ってしまったというのは、春画が「笑い絵」とも呼ばれたように、日本では裸をコミカルなものだと捉える概念があったことと繋がるだろう。多くの人は、裸体美術も春画も同一視していたということだ。

現在では春画も「芸術」だと見なすことが一般的になっているが、当時の日本人としては、裸が芸術だという理屈は理解できなかった。

なぜならば、公共の場での裸は「裸体禁止令」によって、「恥ずかしいもの」「卑しいもの」として取り締まられていたからだ。

それがいきなり芸術の名において、「美しいもの」だと言われても、簡単には理解できないだろう。

結局「朝妝」はそのまま展示が続行された。

腰巻きの下には何もなかった

その後、黒田清輝は自らが中心となって発足させた洋画家の団体「白馬会」の第2回展覧会（1897年）で3面に及ぶ大作「智・感・情」を発表する。

左に右手で長い髪を掴む女性、中央に両手をW字状に上げる女性、右に右手をこめかみに当てる女性の3人を金箔地の背景の前に描いた3枚構成で、女性たちは全員全裸だ。

この絵は、初めて日本人女性をモデルにした裸婦画ともいわれているが、その体型は当時の日本人女性とはかけ離れた均整のとれたプロポーションとなっている。モデルを使ってはいるものの、かなり大胆に描き換えて理想的な体型にしたのだろう。人間の肉体を美しいものとして描く西洋の裸体美術の伝統に準じたわけだ。

そして彼女たちの股間には、陰毛も性器の亀裂も描かれていない。ツルツルの下腹部があるだけだ。左に描かれた女性は左手で股間を隠してはいるが、その下にも陰毛は生えていないようである。これも西洋の裸体美術の伝統である。

「朝妝」で、「油絵原則に撚り両股相接する体勢を顕はし、陰毛を描かず普通一般の油絵として差支へなき」と大阪日日新聞から糾弾されたことを根に持っていたのだろうか。

以降の黒田清輝の裸婦画では、いずれも股間はツルツル、もしくは股間が見えないといったポーズや下半身をカットするといった構図で描かれ、陰毛の陰りは姿を消してしまう。

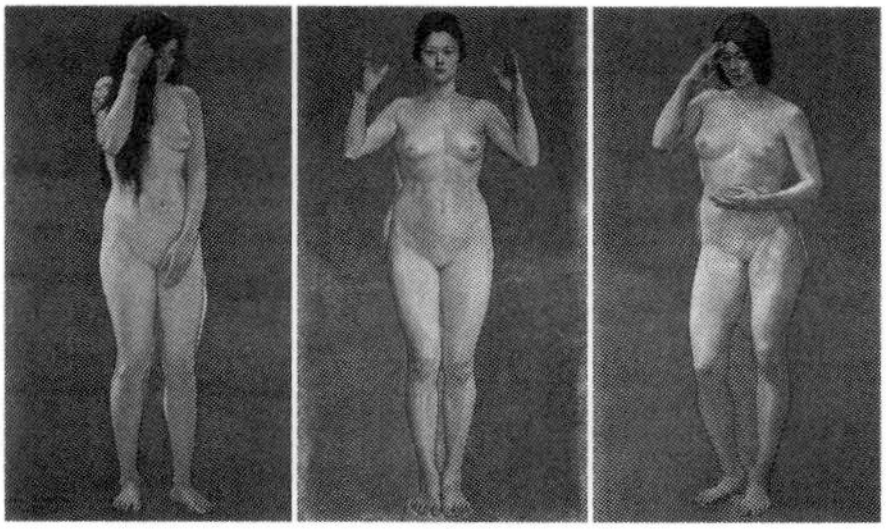

黒田清輝「智・感・情」（1899年）。
東京文化財研究所蔵

この頃から裸体画や彫刻に対しての取り締まりは厳しくなり、「智・感・情」も展示に対しては警察は動かなかったものの、これを掲載した『美術評論』、そして「朝妝」を掲載した『新著月刊』が発売禁止となった。

展示はよいが印刷物はいけないというのが当時の警察の方針だったのか、この時期には裸体画を掲載していた雑誌、新聞が多数取り締まりを受けている。

そして1901年、「白馬会」の第6回展覧会で、いわゆる「腰巻事件」が起きる。

黒田清輝が出品した「裸体婦人像」が問題となったのである。

「裸体婦人像」は黒田が「智・感・情」をパリ万博に出品するた

黒田清輝「裸体婦人像」(1901年)。
静嘉堂文庫美術館蔵

めに渡仏した際に、現地のモデルを3人使い、その良い部分を組み合わせて描いたという裸婦像だ。毛布の上に全裸で座っている女性は日本髪を結っているものの、西洋人ということか。

「智・感・情」が日本人女性のモデルを使いながらも大きくプロポーションを変えているのと同じように、この「裸体婦人像」もまた現実にはいない「理想」の裸体を描いたものということになる。豊満な肉体で、特に腰回りの肉付きなどは、かなりボリューミーだ。過去の日本の春画では、決して描かれることのなかった生々しい肉の魅力に溢れている。

この作品を問題だと見た警察は、当初は特別室への移動を命じたが、黒田がそれを拒否したため、画の下半分を布で覆って隠して展示ということとなった。黒田としては布で隠された状態でも、一般公衆に観覧させたいという希望があったようだ。

画の下半分を布で覆うと、描かれた女性のちょうど下半身が隠れることになる。これがちょうど腰巻きのように見えるということから「腰巻事件」と呼ばれるようになったわけである。

『都新聞』１９０１年10月20日号では、「腰巻事件」を次のように報じた。

上野公園に開設中なる白馬会油画展覧会にて八(中略)、吉永下谷署長臨検のため同会へ出張し来り陳列の作品を一覧し裸体に関するものを見るより風教上差支あり且つ観者の実感を挑発するの虞あれバ局部を露出せしめざるやうにせよと注意を与へたれバ同会にてハ直ちに其注意に従ひ紫色の巾を持ち来りて局部に覆ひを施したり。

美術史研究者の木下直之は「春画と裸体画問題」（『文化資源学』13号掲載）の冒頭で、２０１４年に愛知県美術館に展示されていた写真家・鷹野隆大の作品の下半分が布やトレーシングペーパーで覆われることとなった事件と、黒田清輝の「腰巻事件」を対比させて語っている。

愛知県美術館にやってきた愛知県警察担当者は鷹野作品に陰茎が写っていることを問題視し、それが来館者の目に触れることを、「わいせつな図画」を「公然と陳列」（刑法第１７５条）していると見なした。

そして黒田作品では「局部」の「露出」が問題とされていた。

いうまでもなく、黒田作品の「局部」と鷹野作品の「陰茎」はレベルを異にする概念である。前者は身体のある範囲を漠然と示す抽象度の高い言葉であるのに対し、後者は具体的な部位を指す。そもそも、女性像と男性像を比較する局面で両者は並び立たない。もちろん、現代ではあまり用いられない表現とはいえ、鷹野作品を含めてともに「局部」だとはいえる。しかし、「局部」を「性器」に置き換えることはできない。なぜなら、黒田作品の女性像にいくら目を凝らしても、その股間は陶器のように滑らかで、性器はおろか陰毛さえ描かれていないからだ。そもそも「性器」とは何か、どこからが「性器」でどこからは「性器」ではないのかという問題が浮かび上がってくる。

――「春画と裸体画問題」

黒田清輝は「智・感・情」と同じく「裸体婦人像」でも、女性の股間をツルツルに描いている。だとすれば、ここで布によって隠されたものは何だったのか。

そして、なぜ乳房は猥褻として隠されなかったのか。

この後も裸体美術に対しての厳しい風当たりは続くが、以降の日本の西洋画家たちは、裸婦画においても陰毛を描くことはなくなる。裸婦彫像においても同じである。

こうして、日本の「裸婦」からは、陰毛は消えた。

日本土産としてのヌード写真

日本に写真技術が伝来したのは1848年、嘉永元年のことだった。フランスでダゲレオタイプが発明されて9年後のことである。オランダから長崎にカメラが持ち込まれたのだ。

そして、そのすぐ後に黒船が来航し、以降日本には多くの外国人が訪れることとなる。

彼らのお土産として流行したのが「横浜写真」といわれる写真だ。日本の風景や日本人の日常生活などを撮影したもので、横浜写真と言っても横浜ばかりでなく、日本中で撮影された写真の総称であり、本国へのお土産として人気を博した。遥か東方の神秘の国である日本の光景を捉えたこうした写真は、西欧人にとって大変興味を惹くものであったのだろう。

この横浜写真の中には日本人女性を撮影したヌード写真もあった。といっても、行水や化粧などの日常生活の一コマを撮影したといったものなのだが、なぜか女性は着物をはだけて上半身裸になり乳房を見せているのだ。江戸時代の日本人は日常的に半裸になっていたとはいうものの、かなり不自然ではある。これは外国人が日本に抱いていたイメージに沿って演出されたものなのだろう。

このように横浜写真におけるヌードは、せいぜい乳房を露出している程度の、ソフトなものがほとんどだ。

しかし、その一方でこの頃に撮影された写真と思われるもので、もっと過激なヌード写真も現存している。これは日本に滞在していた外国人がプライベートに撮影したもので、こっそり身内で楽しむなど、非公式で流通していた写真のようだ。被写体となったのは、ほとんどが娼婦や芸者である。

全裸で立っていたり、脚を大きく開いていたり、陰毛はもちろん、性器まで写っている。着物の裾をめくりあげて、股間だけ見せているという写真もある。

美術的な意図もなく、記録的な目的でもなく、あくまでも性的好奇心を満たすための、いわゆる「エロ写真」である。

日本人の営業写真家がこうした写真を撮って、売りつけるということもあったようだ。もちろんそれは日本人の好事家の手にも

外国人の土産として流行り、ヌードもあった「横浜写真」

渡っている。

1862年には、長崎では医学伝習所でオランダの軍医ポンペの下で化学を学んでいた上野彦馬が、そして横浜ではハリスの通訳であるヒュースケンに写真の技術を学んだ下岡蓮杖が、それぞれ写真館を開いている。この二人が日本の職業写真家の元祖的存在といえるのだが、どうやら二人とも写真技術を習得するや否や、ヌード写真を撮影していたらしいことが、知人などの証言から明らかになっている。

残念ながら、当時の写真は現存していないがこれが日本人による日本人女性のヌード撮影としては初めてのものとなるだろう。

下岡蓮杖などは、下女を裸にしてヌード撮影をしていたら、その下女が怒って訴えたために奉行所へ引っ立てられてしまったという事件も起こしている。

ともあれ、この二人が始めた写真館という商売は人気となり、明治時代初期には東京だけでも百店以上が開業していた。そして、写真館で女性のヌードや、さらにはセックスシーンを撮影することまで流行したという。

1869年に春画の売買は法律で禁じられたものの、それでもこっそりと流通はしていた。しかし、写真はそれに代わる存在として、少しずつ人々の間に浸透していったのだ。

明治も末期になるとヌード写真の中にも絵画的なアプローチを目指したものが出はじめる。つまりアートとしてのヌード写真を撮ろうという考えが生まれたのだ。これは既に洋画家による裸婦画が注目を集めていたことに連動した動きだろう。

写真館ではセットや書き割りの背景などを使って撮影されていたが、やがて野外で撮られた作品なども生まれてくる。当時の機材での野外撮影は、かなり大変なものだったろうが、撮影者の情熱はその苦労を上回ったのだ。

書物にもヌード写真が掲載されるようになるが、1908年には人体美について書かれた川崎安の『人体美論』（隆文館）に掲載された女性の全裸写真が「陰毛無削除」ということで発禁となる。陰毛をそのまま掲載したことが問題になったようだ。やはり、ここでも陰毛がある種の境界線となっている。

1884年には日清戦争、1904年には日露戦争が起こり、日本は軍事国家への道を歩んでいくのだが、戦地では兵士の間にヌード写真が出回っていたという。

兵士たちが春画を持っていったことは前述したが、ヌード写真もまた戦地での彼らの慰めとなっていたのだ。実はこうした春画やエロ写真は政府が作って配っていたという話もある。戦地で初めてヌード写真に触れたという若者も多かっただろう。そして、その魅力に目覚め、復員してからもそれを求めたという人もいたはずだ。

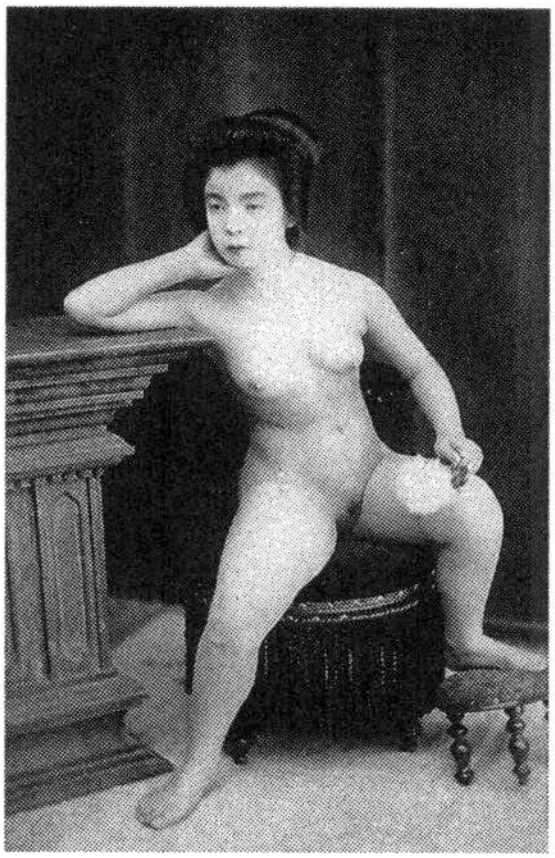

絵画的なアプローチも
取り入れられた明治時代のエロ写真
（「ヴィンテージ・エロチカ・
コレクション」より）

大正時代になると、カメラの進歩もあり、写真という新しいメディアは一般の人々の間にも浸透していく。そしてまたヌード写真も密かな人気を集めていくのだが、その広がりにはそうした背景もあったのではないだろうか。

日本のヌード写真のあけぼの

大正5年（1916年）には洋画家である三宅克己が書いた『寫眞のうつし方』（阿蘭陀書房）がベストセラーになり、1921年には日本で初めての一般向け写真雑誌『カメラ』（アルス）が創刊される。この他、『写真新報』（浅沼商会）、『写真月報』（小西本店）、『芸術写真研究』（アルス）、『アサヒカメラ』（朝日新聞社）など、カメラ雑誌が乱立する。それまでプリントされたものを鑑賞するものだった写真が、印刷された誌面で見るものへと変わっていったのだ。

また、写真雑誌の存在により写真の魅力に目覚めたアマチュアカメラマンも増えていき、写真はますます身近なものへとなっていった。

そしてこうした雑誌にも少しずつヌード写真が掲載されるようになっていった。また写真展なども開かれるようになり、そこでもヌード写真が展示されることもあった。

写真に芸術としての可能性を見出したパイオニアのひとりとして知られる野島康三も、大正から昭和初期にかけて数多くのヌード写真を発表している。モデルになっている女性は、ほとんどが日本髪だが、洋画を描いていた野島康三らしく、その作品の印象は洋画の影響が強いものであった。

1970年代にアメリカで彼の回顧展が開催された際には、近代芸術写真の父とも呼ばれるアルフレッド・スティーグリッツになぞらえて「日本のスティーグリッツ」と称賛されたそうだ。

こうしたヌード写真を撮影する際にモデルはどうしていたのかと言えば、大正時代には早くもヌードモデルという職業が確立し、なんと１９１３年にはモデルの同業組合まで結成されていた。黒田清輝らの尽力により、近代洋画の教育でヌードデッサンの重要性が認知され、ヌードモデルの需要が高まっていたのである。

日本におけるヌードモデルの第一号については『世界裸か画報』（季節風書店）１９５９年３月号で作家の畠山清行が「明治・大正・昭和のヌードアルバム」という記事の中で書いている。

日本人のまえに、日本の婦人が公然と裸体をみせたのは、明治九年工部大学美術科に西洋画科を設けたときであった。新潟生れの越野ハナという十八歳の娘が、はじめてモデルとし

野島康三「樹による女」(1915年)。
京都国立近代美術館蔵

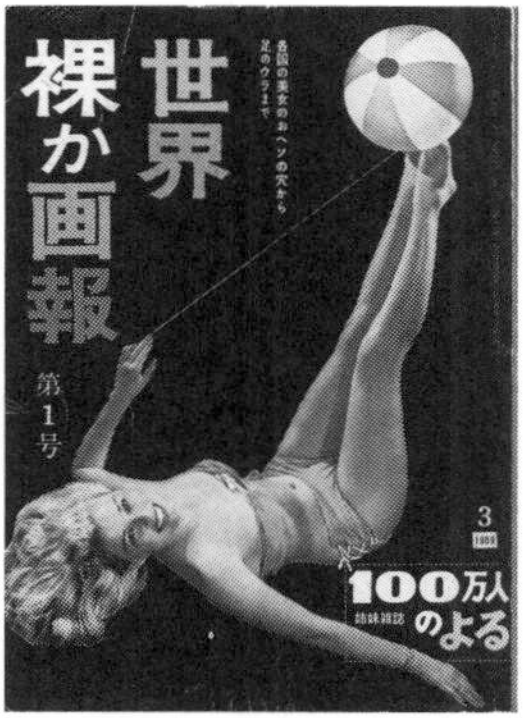

『世界裸か画報』(季節風書店)
1959年3月号

て登場したのである。このときのはっきりした記録がないので、はたして全裸だったか否かは筆者にもわからない。あるいは上半身ぐらいだったのではないかとおもえるが、あきらかに全裸のモデルが出現したのは、明治二十四年ごろの宮崎菊からである。彫刻家の新海竹太郎、山崎朝雲、太平洋画家会の満谷国四郎等の要望でモデル台に立った。

性文化の研究家である下川耿史は『日本エロ写真史』（青弓社 1995年）で、この宮崎菊が日本で最初のヌードモデルの同業組合を結成したことを記している。

それでも菊の尽力によって、明治の末期にはモデルが職業として確立し、大正二年（一九一三年）十二月には菊を会長としてモデルの同業組合が設立された。その頃にはモデル志願の女性も増えて、毎週日曜日に菊の事務所で開かれるモデルの選定会には五十人前後のモデル志願者と、二十人から三十人の画家が押し寄せたという。画家がヌード・モデルを使うことがあたりまえになったのである。

そしてこうしたヌード・モデルは、裸婦画だけではなく、ヌード写真のモデルもつとめたわけだ。この時点でヌード写真には、芸術としてのヌード写真と、性的好奇心を満たすためのエロ写真のふたつの流れが出来ている。

写真展などで展示されたり、一般向けの本に掲載される「表」のヌード写真と、アンダーグラウンドでこっそりと流通する「裏」のエロ写真である。ヌード写真が誕生した時は、後者が中心だったはずが、いつしか立場は逆転し、表と裏のような位置へと変わっていた。

「表」のヌード写真では、裸婦画と同じく陰毛は写らないようにポーズが工夫された。その一方で「裏」のエロ写真では、陰毛どころか性器まで写っているものも少なくなかった。「表」と「裏」を隔てるものは、陰毛表現の有無であるということは、ヌード写真でも絵画でも同じだった。

ただし、ヌード写真のパイオニアである野島康三のヌード作品の中には、うっかり（?）陰毛が写ってしまっているものが何点かあるようだ。

しかし、裸体画やヌード写真のモデルをやっていた女性が、エロ写真のモデルになることなども多かったらしい。当時はヌードモデルになること自体のハードルが非常に高かったために、余計に一度脱いでしまえば、もう後は同じ、という気持ちになったのだろう。

面白いのは大正時代には、もう顔をすげ替えるコラージュ写真が出回っていることだ。外国人の身体に日本人の顔を当てはめたり、裸の身体に女優の顔を付けたりといった写真が残されている。いわばアイコラの元祖である。人間は新しい技術を手にすると、いつも同じようなことをするものなのである。

昭和の初期には「エロ・グロ・ナンセンス」ブームが起きる。社会不安の裏返しで、人々は刹那的な享楽主義へと走った。卑猥な歌が流行し、お色気サービスを売りにしたカフェやバーが人気を集めた。

そしてこの時期、こうした世相を反映した雑誌も数多く出版された。性的な話題や猟奇的な事件などを扱う「エロ・グロ」雑誌だ。

毒々しくもカラフルな表紙のこうした雑誌には、多くの裸婦画やヌード写真が掲載されていた。勝手に複写したと思われる海外のイラストや写真が多く、ヌードになっているのも白人女性のものが大半だった。ドイツを中心に広がりをみせていたヌーディズムを伝える写真記事などもあった。

「エロ・グロ・ナンセンス」ブームは、国民の不満のガス抜きのために取り締まりを緩めていたために盛り上がりを見せたのではないかともいわれているが、それでも「エロ・グロ」本は次々と発禁となっていった。戦前には事前に検閲を受けないと出版物を販売することは出来なかったのだ。

ゴヤの「裸のマハ」やルーベンスの「ヴィーナス、キューピッド、バッカスとセレス」など名画といわれる裸婦画を掲載した画集も、発禁の対象となっている。ちなみに「裸のマハ」は「挑発的印象を与えるにより」というのがその理由である。

しかし検閲により発禁処分となったはずの本も、実際には大量に出回っている。これは出版社が検閲が済む前に販売してしまうといったゲリラ的な手法を使ったためだった。

また最初から検閲を受けずにアンダーグラウンドで流通する「地下本」や、事前に入会した会員のみに配布する「会員制雑誌」などもあり、当然ながらこうした本では、一般に販売されている「表」の本とは違った過激なものが多かった。

そんな「エロ・グロ・ナンセンス」ブームも、太平洋戦争へ向け、軍国主義が台頭してくると、終焉を迎えるしかなかった。

戦前には多くの写真家が生まれ、その中にはヌード写真を撮る者も少なくなかったが、戦時中はさすがにそうした撮影を続けるわけにはいかなかった。写真家たちはその技術を軍に協力する形で提供するしかなかったのだ。

しかし、そんな中でそれに反抗するかのように、さっさと地元の山口県へ帰ってしまった福田勝治のような写真家もいた。驚くべきことに福田は戦時中も、地元の知り合いの女性をモデルにして、ヌード写真を撮り続けていた。

瀬戸内海の岩場で撮影し、その最中に頭上を敵機が通過するということも何度と無くあったという。

1957年に定義された「猥褻」

1945年、太平洋戦争は終結し、敗戦国である日本はアメリカ占領軍によって、その国としての在り方を大きく変えることになる。

日本国憲法が施行され、表現の自由と検閲の禁止が定められた。戦前にあった内務省への事前納本制度の出版法が無くなったのである。実際には1952年までGHQによる検閲があり、連合国への批判やナショナリズムの肯定などは禁止されていたのだが、性的な表現に関してはかなり自由となったため、そうした題材を扱った本や雑誌が次々と発行され、娯楽に飢えた人々はそれを争うように買い求めた。

この時期に氾濫した雑誌は「カストリ雑誌」と呼ばれた。戦前のエロ・グロ雑誌を継承するような刺激的な内容のものが多かった。そうしたカストリ雑誌のひとつである『猟奇』（茜書房）は創刊2号にあたる1946年12月号が摘発。猥褻物頒布等の罪として戦後最初の刑法175条適用例となったのである。

この『猟奇』摘発を報じた読売新聞1947年1月9日号の記事「桃色雑誌初の槍玉」によれば「今回の取締り範囲はエロを読物とした営利本位の雑誌、芸術写真に名を借りた際どい裸体写真などに限られるが『猟奇』のほかの類似雑誌数種も処断は免れない模様で」（※現代仮名遣いに直した）と、今後の締め付けの厳しさを予想させる。副見出しも「『猟奇』その他どしどし起訴の方針」となっている。

実際、その後はカストリ雑誌は次々と摘発され、『猟奇』も売上好調にもかかわらず5号で休刊を余儀なくされた。

『猟奇』も北川千代三の小説「性愛告白譚・H大佐夫人」などが問題とされたのだが、当時は写真や画以上に文章が睨まれていたのだ。

とはいうものの、現在読んでみると、この小説のどの描写が摘発されるほどの猥褻性を持つのか、全くわからない。これは、同じく摘発された他の小説においても同じである。

1950年にはD・H・ローレンスの小説『チャタレイ夫人の恋人』が摘発され、翻訳者の伊藤整と版元である小山書店社長が罪に問われた。これに対して日本文芸協会、日本ペンクラブなどが抗議の声を上げ、この裁判では、猥褻物頒布等を禁じた刑法175条が表現の自由を保障した憲法21条に反するかどうかを争われることになった。

ここで最高裁は猥褻の定義を「徒に性欲を興奮又は刺戟せしめ、普通人の正常な性的羞恥心を害し、善良な性的道義観念に反するものをいう」とした。

この1957年の判決が「猥褻3原則」として、今なお有効となっているのだ。あまりにも具体性のない定義のため、以降の「猥褻か否か」の線引きは時代によって、大きく変わっていく。これは「善良な性的道義観念に反するもの」が常に変わっていくという解釈のためだ。

「額縁ショウ」から「特出し」へ

1947年にはストリップも誕生している。諸説はあるが、この年の1月に新宿の「帝都座」で上演された「額縁ショウ」を日本のストリップの始まりとするのが一般的だ。世界の名画を再現するという触れ込みで、当時19歳のダンサー、甲斐美和（甲斐美晴、甲斐美春という表記もあり）が額縁の中で上半身裸の姿を見せたということで大きな話題となった。

演劇評論家の向井爽也はこのステージを見た感想をこう綴っている。

黒と金との額縁の中に、花籠《はなかご》を抱《いだ》いた、鳶色《とびいろ》の上半身を露出《ろしゅつ》した女を「ヴィナスの誕生《たんじょう》」と名を付けたのだから、大変なヴィナスである。この鳶色のヴィナス実は甲斐美和《かいみわ》さんこそ、日本の舞台で、美しい乳房《ちぶさ》を見物の前に露わした、最初の女性である。甲斐さんは、色の白い人ではないが、美しい体格で、そこに縹渺《ひょうびょう》たる苦心の照明を作用させたから、立派な立体画が出来上がつた。見る人も私も勿論この効果には驚嘆した。

――『日本の大衆演劇』東峰出版　1962年

と、いっても彼女が乳房を晒すのはわずか数秒で、暗転してしまうのだが、それでも当時の日本人観客には十分に刺激的だった。このシーン目当てに通う客までいて、帝国座は連日満員となったという。

ここから小劇場でのストリップショーのブームが始まるが、露出は乳房までにとどまり、股間はスパンコールやバタフライ、Gストリング（Tバック）などでギリギリ隠されていた。

ストリップで全裸を見せる、いわゆる「全スト」が話題になったのは50年代後半といわれているが、進駐軍の基地の中にあるキャバレーなどでは、かなり前から全裸でのダンスは行われていたようだ。それが50年代前半あたりから、ダンスホールやキャバレーなどでの客寄せのアトラクションなどでもこっそりと披露され、時には検挙されて新聞紙上を賑わせたりもしていた。

その一方で不況に苦しんでいた大衆演劇や女剣戟の女優たちが、ストリップに参入し、下着無しで立ち回りをするというお色気剣戟を見せたのを「全スト」の先駆けとする説もある。

ストリップ専門誌『ヌード・インテリジェンス』の発行人・中谷陽による『おお特出し 秘話・関西ストリップ』（立風書房 1974年）には、ヌード劇場の照明室でベテラン照明係の二人が、全スト第一号が誰だったのかを論争するという光景が出てくる。

「四国松山のＳＹ松竹座で、女剣戟の看板さんが、バッチリ見せたのが全ストのはじまりやで」

女剣戟の座長が、剣戟ショーの立ち回りのとき、捕方の仕組んだハシゴにのぼり、

「エイ、ヤア、くるかッ、木ッ端役人め！」

と大見得を切ったら、太腿の奥から真ッ黒ケの毛が見えた!!　というのだ。

「ウンニャ、倉敷の大衆座にのった女剣戟ショーの鏡ゆう子が第一号とちがうか」

「なあに、ホラ、姫路の野里東宝にでていた東京ファッションショーの浅草京子がバッチリやったでェ」

「あれは二部ショーの坂井百合子とちがうかァ、このコが特出しの元祖や」

諸説紛紛。

さらにストリップ剣戟はこう描写される。

オンナ伊達ながら、胸にキリリとさらしを巻き、粋なタンカで刀をふるい、からむ男どもをバッタバッタと薙ぎ倒す痛快さのかたわら、女剣士はわざとノーパンで大胆に太腿《ふともも》を割ってみせたのである。

「あッ、見えた！」

おどろくファンは、縦横無尽に暴れまわる女剣士を追っかけて、場内をあちこち走りまわ

る。

「見逃してなるものか」

とばかり、斬られるのを覚悟のうえで、かぶりつきに素ッ首のばし、

「今宵の刃は血にうえている」

なんて大仰に見得をきる女剣士の太腿交叉点のシグナルを飢えたマナコで凝視したのである。

ストリップ剣戟の大立廻りで、チラリと草ぶかい谷間をみせたのが、「おお、特出《とくだ》し」のはじまりだといわれるゆえんである。

1953年頃の話らしい。昔の女性は下着などつけていなかったはずだから、激しく動いたら見えてしまうのは仕方がない、という言い訳があったということだろう。

1947年に数秒だけ露わになる乳房目当てで「額縁ショウ」に殺到した観客たちは、その7年後には、チラリと見える「草むら」を血眼になって追っていたのだ。

この後、ストリップは股間までしっかりと見せる「特出し」時代を迎えるのだが、そうした過激な見せ方は関西の方から東京へと広がっていったようだ。

もう、既に乳房は貴重なものではなくなっていたということである。

50年代は乳房が消費されていった時代だったといってもいいかもしれない。

メディアにあふれる裸体

１９５６年に創刊された『１００万人のよる』（季節風書店）は、その後の日本のエロ本の源流とも言える明るくポップなセンスの写真が特徴の雑誌だが、創刊号である４月号では、ヌード写真はほとんど掲載されておらず、乳首まで写っている写真は「女体の職場めぐり」という記事のイメージカットである外人女性のヌード一枚だけだ。

それがわずか半年後の10月号になると、イラストとはいえ、表紙から堂々と乳首をさらけ出しており目次のカットでも乳房をあらわにして身体をのけぞらした写真を掲載。乳首まで写っている写真も11枚に及ぶ。

ちなみにこの10月号は口絵２ヶ所と記事10ヶ所が猥褻として摘発されているが、特に乳首の露出が問題になったわけではなさそうだ。

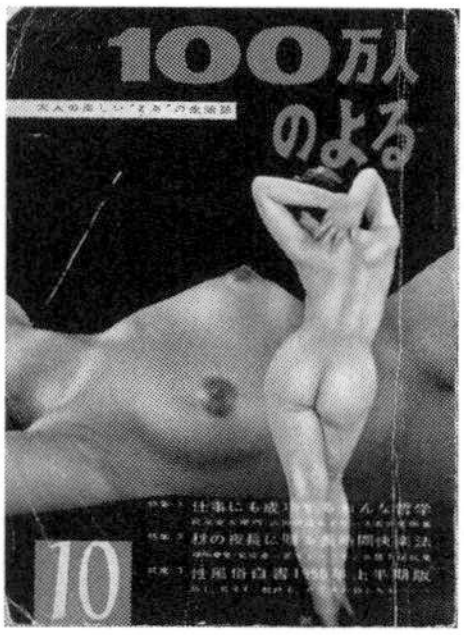

『100万人のよる』（季節風書店）
1956年4月号

そして3年後の１９５９年に『１００万人のよる』の姉妹雑誌として創刊された『世界裸か画報』（季節風書店）になると、その創刊号にあたる3月号では、ひたすらヌード写真のオンパレード。乳首が確認できる写真は70枚以上に及ぶ。ほとんどのページにヌード写真が散りばめられており、「日本ではじめて誕生した裸体雑誌第1号です」という宣言も納得

『別冊笑の泉 新グラマー画報』
（一水社）1958年11月号

できるほどだ。

１９５７年から日本には「グラマー」ブームが訪れている。女性の肉体美が注目されたのだ。映画では体型の魅力的な女優が人気を集め、雑誌には水着やヌードのグラビアが溢れていた。

１９５３年には伊東絹子がミス・ユニバースで第3位に入賞し、そして１９５９年には児島明子がミス・ユニバースで優勝を果たす。体型的に西欧人に劣るといわれていた日本人女性が世界で認められたのだ。敗戦から10年、日本人の体型は変わりつつあった。

１９５８年11月に発売された『別冊笑の泉　新グラマー画報3』（一水社）を見てみよう。『世界裸か画報』同様に、誌面にはヌード写真が溢れている。後半に欧米モデルのヌードもあるが、大半は日本人モデルのヌードであり、現在の目で見てもそれほど遜色のないプロポーションであることに驚かされる。そしてほとんどのモデルが全裸である。

50年代後半から60年代にかけてのグラマーブームは写真や映像が中心になっていくというビジュアル時代の到来を告げるという意味もあった。

この時期、映画でもお色気を売りにした作品が増えており、１９６２年にはピンク映画第1号といわれる『肉体の市場』（『肉体市場』とも。大蔵映画）が公開される。

『肉体の市場』は公開後に警視庁が自粛を要請し、問題シーンを8ヶ所カットして再上映されることとなる。この事件が話題となり、映画は大ヒットを記録する。

これ以降、ヌードやセックスシーンを大胆に取り入れた成人向け映画がブームとなる。海外からもこうした映画が次々と輸入され、公開された。

テレビも負けてはいなかった。１９６０年には早くも日劇ミュージックホールのダンサーたちが出演する『ピンク・ムード・ショウ』（フジテレビ系）がお色気番組第1号として放映されている。

そして１９６５年に伝説の大人向け番組『11ＰＭ』（日本テレビ系）が始まる。当初は硬派なニュース番組で視聴率も振るわなかったが、次第に性風俗ルポなどの特集が増えていき、人気が高まっていく。すると他局もそれに追随するようにお色気番組を放映し始めた。

そうした番組のひとつが１９７１年にスタートした『23時ショー』（ＮＥＴ・現テレビ朝日系）だ。この番組のカバーガールとして出演していたのが、当時19歳のフラワー・メグで、セクシーなダンスを披露したのだが、この時にアクシデントで乳首が映ってしまった（故意だったという説もある）。これが日本のテレビで初めて乳首が映った瞬間だといわれている。

ただし、１９６９年に『特捜ズームイン』（ＴＢＳ系）というドキュメント番組でピンク映画を取り上げた時に、ピンク女優の芦川絵里が乳房を丸出しにしたのを最初とする説もある。

いずれにせよ、70年代にはテレビでも乳首が解禁され、『11ＰＭ』『独占！男の時間』（東京12チャンネル・現テレビ東京）のような大人向けバラエティ番組や『金曜スペシャル』（東京12チャンネル）のようなドキュメント番組、さらにはドラマなどでも、たくさんの「おっぱい」が画面に溢れていた。

この時期は成人指定ではない一般映画でもやたらとヌードが登場し、たくさんの無名女優がたいして意味もなく乳房をさらすというシーンが多かった。

ある意味で、「おっぱい」の安売りがされていた時代だったのだ。

しかし、その一方で陰毛に関しては頑なに表現が規制されていた。

幻の1971年11月23日ポルノ解禁

70年代初頭には欧米がポルノ解禁に踏み切っていた。そうした海外の動きに同調して、日本でも解禁になるのでは、という噂もあり、当時の週刊誌には、ポルノ解禁に関する記事が数多く掲載されている。

しかも1971年11月23日に解禁、と日にちまで特定されていたのである。これは、アメリカのポルノ解禁よりも前の時期なのだ。

結局、あるテレビ関係者の流したデマだったということだが、これを信じて色めき立った映画会社やテレビ局も多かった。

『週刊現代』(講談社)1971年11月18日号の記事「ポルノ解禁近しというのは本当か」は、こんな時期のムードをよく伝えている。

「この十二月にアメリカの出版社から入荷するポルノグラフィを、横浜の保税倉庫に積んでおく手配《てはず》をととのえています。これは陰毛が写っているやつで、近く状況が変化して陰毛OKになるでしょうから、それまで待機させておこうというわけです」（ポルノ輸入元中田商店・中田忠夫社長）

ポルノ解禁と同時にガッポリかせごうと手ぐすね引いている業者は、中田商店にかぎらないが、はたしてポルノはいつ解禁になるのか。

ミリタリーショップとして有名な上野の中田商店だが、この頃は輸入ポルノ業者としても知られていた。結局、このポルノグラフィは入荷されたのだろうか。

記事は「ポルノ解禁がもはや〝時間の問題〟であることはたしかなようなのだ」と証言を並べていく。

まずは、エロティシズムの総合研究誌『えろちか』（三崎書房）の山下論一編集長。

「その証拠に、三年前とくらべたら刑法一七五条（わいせつ物陳列罪）適用の許容が、じつにゆるくなっています。写真にしろ活字にしろ、三年前には考えられなかったような内容の物（たとえば尻の割れ目や大股開きなど）が、いまでは全部フリーパス。これは当局の感覚が進歩したというより、世界的な風潮に逆らえないからです。

それに許容度そのものにも、はっきりしたキメ手がないのです。当局は一罰百戒主義をとっていますが、もはや物理的にも手におえなくなって、許容度を高くしているんでしょう」

『白日夢』『黒い雪』などで警視庁とやりあった経験のある武智鉄二監督もこう証言する。

「以前は乳房はダメ、後向きでもお尻の線が見えてはいけないといっていたのに、いまはまったく問題にならず、陰毛と性器が写らなければよい」

そう、この時点で問題となっていたのは、陰毛と性器だったのだ。記事は猥褻の基準へと話を進めていく。

ご承知のように現在、警察が〝堅持〟している最後の一線は陰毛。どんなに芸術的なヌード写真でも、陰毛がチラッとでも見えればたちまち刑法一七五条を適用されてしまうが、ポルノ談議でかならず問題になるのがこの〝わいせつ〟の解釈。

有名なチャタレー裁判で主任弁護士をつとめた正木ひろし氏によると、

「いまなら『チャタレイ夫人の恋人』がわいせつ物になるはずはないし、そもそもわいせつとはなにかということは、刑法では規定されていないのです」

という。それにもかかわらず、

「最高裁があの裁判で、わいせつとはなにかという基準をはっきりさせないまま、有罪の判例を示してしまったことが、かえって混乱をまし、日本を色情狂の国にしてしまったんです」

ときめつける。

では、陰毛がわいせつの適用を免れさえすれば、わが国も北欧やアメリカのように、ポルノの夜明けが訪れるのだろうか。

海外では、まず陰毛表現が解禁され、その後に全面的なポルノ解禁へと向かうことが多い。そのため陰毛は大きな意味を持つ境界線だという見方がされていた。

それならば陰毛の解禁を譲るわけにはいかないと取り締まる側は考えたのだろう。

結局、ポルノ解禁どころか陰毛表現の解禁も見送られることとなった。

『週刊文春』（文藝春秋）1972年5月1日号に「ヘア《陰毛》解禁をどう思うか」という著名人へのアンケート記事が掲載されている。

画家の谷内六郎からポルノ女優の池島ルリ子、教育評論家の阿部進など40人が回答しているのだが、陰毛解禁に賛成しているのは過半数ではあるが、「隠した方が想像力が働く」「日本人は限度を知らないからそこだけを誇張した醜悪な写真だらけになる」「これまでこれでやってきたのだから」といった意見で反対も目立った。

実際、1973年に総理府（現・内閣府）がおこなった「風俗・性に関する世論調査」ではポルノ解禁反対派が約70％に及んだという結果もあった。

世論としても、両手を上げてポルノ解禁というムードではなかったのだ。

こうして、陰毛が最後の一線という時期は以降も続くことになる。

1975年には集英社から『PLAYBOY 日本版』が創刊される。

その創刊号（7月号）でも、「プレイボーイ討論」として3ページに渡って、ヘア解禁について著名人から学生までが意見を戦わせている。漫画家のとりいかずよしの「もし『PLAYBOY』誌日本版が勇気をもってヘアを出すなら、拍手喝采。全面的に大賛成」という意見をはじめとして、ここではほとんどが解禁賛成派だった。反対派は「刑法175条がなくなったら？ 多分ストリップ劇場はつぶれ、ポルノ雑誌も最初のうちは売れても結局はつぶれてしまうでしょうね。どちらも、隠れて見ることに楽しみがあるのです。（中略）全部は見せないで、残りの部分は想像させる……それが編集者やストリッパーの腕の見せどころでしょう」という、ストリップ専門誌『裸舞らぶ』の女性編集者だけであった。

1971年に陰毛露出に乗り出した米国本誌とは違い、『PLAYBOY 日本版』は当然ながらヌードグラビアのその部分はトリミングされていたり、ツルツルに修正されていた。

そうした状況であえて創刊号からこのような討論記事を掲載したのは、編集部の「逃げない」という姿勢が感じられる。

しかし、実際は90年代のヘアヌードブームの時、同誌は大出版社からの発行ということで、なかなか陰毛解禁には踏み出せなかったのも皮肉な話ではあるが……。

もうひとつ70年代で興味深い動きと言えるのが、後にサブカルチャー誌の雄となる『スタジオ・ボイス』（流行通信）が、まだタブロイド版の新聞スタイルであった時期に突如「陰毛解禁運動」を1977年11月号から1年以上に渡る連続企画として組んでいることだ。

その第1回はこんな文章で始まっている。

現在、日本では表現の自由が保証されているにもかかわらず、上掲の刑法175条によって、性表現のワクがかなりの幅で制限されているのが実情だ。（中略）ボイス紙は陰毛解禁をひとつのステップとして性表現の健全な解放に向け、表現の自由というものを吟味しながら、これからとりくんでいきたいと思う。日本はこのままでは、文化的鎖国状態になってしまうだろうから……

陰毛を見せる、見せないという問題が、何か大きなものを象徴する意味まで持っていたというのが、この時代だったのだ。

第三章

陰毛闘争

ビニ本ブームの到来

たしかに、ビニール本の売れゆきたるや凄まじい。

神田のビニール本屋の店内では、新刊コーナーのそばで十数人がソワソワしながら新刊の入荷を待っていた。パチンコ屋の開店をならんで待っている光景にも似ている。

「さぁ、新刊の『続毛剃《ぞくけぞ》り』ですよォ」

ドサッ、とビニールに包まれた五十冊ばかりの本が置かれるや、のびるわのびるわ十数本の手。なかには皺くちゃの老人の手まで。

（中略）このように人気のある本は、またたく間にその場で百冊は売れる。翌日行くと、もうない。

『週刊文春』（文藝春秋）1980年11月27日号の「手入れのたびに急成長『ビニール本』産業VS警視庁の大攻防」という記事の冒頭である。

この記事によれば、ビニール本を出版しているのは「いまや五十社、年間総部数三百万部、平均一冊千二百円として三十六億円！」だという。ビニール本はそれほど巨大な市場となっていた。

『オレンジ通信』（東京三世社）1986年12月号のビニール本回想記事には、この年には「出版社数2百社、新刊は月刊3百種、3百万部、『百億円産業』などともてはやされる」という記述もある。

とにかく、80年代が始まるこの年に、ビニール本のブームが過熱していたことには間違いない。この『オレンジ通信』の記事には、AV監督であり、日本一のビニ本・裏本コレクターである斉藤修も回想記を寄せている。

第一次のビニ本ブームは55年夏ごろとなっているが、それは多分、マスコミが騒ぎ出したブームの事であろう。それまでは、ビニ本という呼び名も一般化しておらず、ビニ本ショップの存在も世間には知られていなかったと思う。だいたいその頃のビニ本ショップというのは（現在もそうだが）完全に外の世界とシャットアウトした空間で、中が全然見えない店内で、客が初めて中へ入るというのは、なかなか勇気のいる事だった。その限られた空間の中で、初めて恥毛がうっすらと透けて見える下着をはき大股開きをしている表紙のビニ本を見つけた時は、これはきっとなんかのまちがいでこんなに透けているんだ、こんな本は、もう二度と出ないぞと思い急いで買い込んだ。それからビニ本屋へほぼ毎日顔を出すようになったのである。そしてわかった事はその透けて恥毛の見えるパンツ、通称スケパン本が、一冊ではなくあっちにも、こっちにも陳列されているという事実である。

——『オレンジ通信』1986年12月号「ビニ本第一次黄金期とスケパン革命の潮流」

ビニール本、通称ビニ本は、大人のオモチャ屋や専門店などで販売されていたオールカラーの成人向け写真集のことだ。ビニールに入れられて店頭に並べられていたため、ビニール本と呼ばれるようになった。

始まりは60年代後半から海外からポルノ雑誌を輸入し、局部をマジックなどで塗りつぶしたものを販売する業者が出てきたことだった。

そうした業者のひとつである松尾書房が、自社で撮影したグラビア中心の雑誌も出すようになる。そのうちの一誌である1970年創刊の『ワイルド・プライベート』のグラビア総集編として、1971年に『下着と少女』というグラフ誌（写真中心のエロ本）が発売される。

この『下着と少女』がビニ本の元祖的存在だといわれることが多い。しかし、実際には『ワイルド・プライベート』の臨時増刊扱いで、本誌同様に一般書店でも販売されていた。

松尾書房は輸入ポルノ誌を扱っていたので、そのルートを利用し、並行して大人のオモチャ屋や通信販売などでも『下着と少女』を販売すると、ロングセラーとなり累計25万部という大ヒットを記録した。

『下着と少女』はシリーズ化され、途中からは一般書店から撤退し、大人のオモチャ屋や通販だけの販売へとシフトしていく。そしてこのヒットを見た他社も参入し、同種の本を発行するようになる。こうして通販グラフ誌というジャンルが生まれたのだ。

この通販グラフ誌がビニール袋に入れられて売られるようになり、それがビニール本と呼ばれるのだが、誰がいつ頃にそれを始めたのかは、はっきりしない。

後に伝説の雑誌『写真時代』（白夜書房）を創刊する編集者、末井昭が最初に手がけた雑誌である『ニューセルフ』（日正堂）の１９７６年２月号には「マイナーマガジンはポルノ革命の尖兵か？　ビニール本バカ売れ状況が示す意味」という特集があり、この時点で既にビニール本という言葉が使われていることがわかる。

ジャック書房、グリーン書房、松尾書房、現代グラフ社、ライト社、サンライズ社、森尾書房、ＹＡＣ出版部ｅｔｃ。

これらの出版社のすべてが、いわゆるビニール本の専門出版社である。

なぜビニール本と呼ぶか？　ビニールの袋にいれてあるから。なぜビニールの袋に入れるか？　未成年者が店頭で手にとって見ないようにするため…というのは表向きの理由で、本当の理由は、立ち読みされると困るからなのだ。

――『ニューセルフ』１９７６年２月号

そして、中を見せないことで期待を高めるためにビニールに入れるのだ、という説明が続く。

海外ポルノ専門誌である『ＧＥＮＴ』（笠倉出版社）が、ビニ本ブームが落ち着いた１９８２年にブームを総括するような特集をやっているのだが、そこにはこんな記述がある。

ではビニール本の名にあるビニール袋に本を詰めたアイディアの出どころとなると、定かではなくなるのである。

『下着と少女 第7集』
（松尾書房）1976年

当時古書店の業界では、一般書店で売られたエロ本を何冊か袋に詰めて店におく、雑記本《ゾッキ》といわれるものがあった。この方法を松尾書房がヌードグラビア誌の販売方法に取り入れた。というのが一番近い線と思われるのである。

店先で何人もの手に取られても本が汚れない、その場で中を見られず、立見が出来ないので購買欲をそそる等、この種の本を売る自然発生的なアイデアだったわけだ。

——『GENT』1982年5月号

『オレンジ通信』1986年12月号の「ビニ本事件簿」には「ビニ本第一号は昭和43年、米国から輸入されて、ビニールに包まれ、袋物と称し売られた『パーラメントパブリケーション』が最初だといわれているが定かではない」と、60年代までさかのぼる説も書かれている。ビニ本と呼ばれる前は、袋物という呼び方もあったようだ。

おそらく60年代から70年代にかけて同時多発的にグラフ誌をビニール袋に入れて販売するというスタイルがあちこちの書店で行われ始めたのではないだろうか。

スケパン革命という事件

『ニューセルフ』1976年2月号の特集には、ビニ本黎明期ともいうべき70年代の状況が描かれているので、もう少し見てみよう。

ビニール本はどこに売っているのか？

ビニール本は、どこの書店にもおいてあるというわけではない。というのは、取次店を通していないからだ。上品好きな取次店の方々は、こんなイヤラシイ本を絶対自分のルートに乗せようとしない。もちろん、出版社側としても、直接書店に卸すか、あるいは通信販売で直接読者に売った方が利益が大きいこともあるのだが。

ビニール本を置いている書店は、どちらかといえば小さな本屋さんが多い。書店以外では、大人のおもちゃ屋とか街頭のスタンド。古本屋で売っている場合もある。書店を一軒一軒探して歩くのが大変なら、大人のおもちゃ屋に行くのがいい。ここには必ずおいてあるはずだ。

三本の毛で発禁処分

何がワイセツか？　法律や裁判で決めることじゃない。いや、それより、だいたいワイセツって悪いことなの？

去年の7月、陰毛が三本見えるというだけで発売禁止になった本があったけど、これなんか笑うに笑えない、怒るに怒れない話だよね。

たとえば、この検閲官のズボンのすそに黒い糸くずみたいなものがくっついていたとする。

よく見ると、それが縮れていたとする。それに気づかないで、彼は出勤してきたとする。当然、この検閲官は「公然わいせつ物陳列罪」で逮捕されるのだ。

後に触れる伝説の自販機本『少女アリス』の編集長であった川本耕次が戦後のカストリ雑誌から80年代のロリコンブームまでのエロ本の歴史を綴った『ポルノ雑誌の昭和史』(ちくま新書 2011年)には、この頃の各出版社がモデルに穿かせる下着の透け具合へのこだわりに触れる下りがあり、興味深い。

老舗の松尾書房を見ると「下着と少女」第8集では、陰毛部分が透けたレース仕立てになったパンティが使われ、それまでの木綿パンティと併用されている。また同じ1976年の第9集では、木綿だがきわめて薄手のパンティで、それまでのニット編み系パンツより一層、透け具合が増している。別シリーズの「TEENS」を見ても事情は同じで、やはり1976年くらいに撮影用パンティのブレイクスルーがあったと断言できる。(中略)グラフ誌業界に与えた「下着と少女」の影響は大きく、大量のエピゴーネンを輩出していたのだが、どれもみな劣化コピーに過ぎない。(中略)

そこで、北見書房は「パンツだけは松尾より透けている」という武器で立ち向かった。もともと松尾書房がはじめた方法論を一歩進めたのだ。(中略)

グリーン企画ではA4サイズの本で1976年から1977年のものだが、パンツは木綿の分厚い「女学生パンツ」だ。

そして70年代末期になると、「透け」戦争はさらに過激化していく。

昭和53年後半は、ビニール本にとっては忘れてはならない年となった。松尾書房、グリーン企画、北見書房といった各社が、（中略）パンティのスケ具合いを競い始めたのである。まさにビニール本ブームの前兆がここに見えた。

昭和54年後半に至ると、この競い合いに、カトレア出版がこれに火を注ぐように、スケるどころでは済まないエスカレートぶりを見せ、どこまで見せるかにチャレンジしてきた。

——『GENT』1982年5月号

昭和55年3月、マニアの読者はこの月を忘れないで欲しい。この月「スケパン革命」をもたらしたのが「カトレア出版」の尾坂氏である。

「陰毛解禁ぐらいがいちばん良い状態なのではないか」

というのが尾坂氏の主張で、今までの厚パンのデルタ地帯の布地（二重になっている）を一枚切りとることによって、かすかに陰毛がすけて見えるように細工する、これでビニ本時代は幕あけとなったのである。

——『オレンジ通信』1986年12月号

記事によって若干のズレはあるが、いずれにせよ1978年から1980年にかけての時期にビニ本に「スケパン革命」が訪れたことは間違いない。

ビニ本がこうした（当時としては）過激な露出に踏み切ったのは、この頃に勢いを増してきた自販機本に対抗するという意味あいが大きかったようだ。

自販機本は、その名の通り自動販売機での販売を目的としたエロ本で、その手軽さから70年代後半から80年代初期にかけて人気を集めた。全盛期の1980年頃は全国で2万台ものエロ本自販機が設置されていたという。

『ＤＩＣＫ』（大洋書房）1984年12月号には、ビニ本出版社のひとつであった光琳書房でビニ本制作に携わっていた「Ｋ」氏のインタビューが掲載されているが、ここでビニ本の過激化について語っている。

そのキッカケは、自販機本が作ったのではないでしょうか。

51〜53年の自販機本のブームが当時世間の注目を集めていました。だから当然の如く、自販機本に対抗するべく、エイ、ヤッとばかりにスケパンのビニ本が出てきてもおかしくない情況でしたね。当局の取り締まりの形態だって、今のような、常にタイホではなかったですし、在宅調書といって、当局に出頭して、罰金でチョイというのが多かった。

長年経営状態が良くなかったビニ本出版社が、自販機本に押されて、エイ、ヤッと一ステップ越えてスケパン時代に突入するのは、わりと簡単でしたよ。

折りも折、ビニ本業界も15社前後にふくらんできていて、競争も激化のきざしがあったんだ。つまり、内と外との競争の激化が死活問題だった。（中略）その後、一挙の〝嵐のようなブーム〟が55年に襲ってきたという訳だね。

（中略）

何もかもメチャクチャですよ、55年という年は。

冷静な人間は誰れもいなかった時代ですよ。〝ビニ本は儲る〟ということで、出版社の数が一気に100社以上になっちゃったというんだから。想像して余りある。

自販機本に対抗して、ビニ本は禁断の「スケパン革命」に踏み切ったのだ。

パンティ越しに陰毛が、それどころか性器までも透けて見えるという噂が口コミで広がり、ビニ本は人気を集めていく。

それでも当初はマニアックなエロ本ファンだけがその存在を知っていたのだが、やがてその熱気はマスコミの知るところとなり、週刊誌などでも取り上げられると人気は更に過熱した。

ベストセラー『慢熟』

そして一冊のビニ本の登場により、ブームは一気に大きな盛り上がりを見せることになる。

それが1980年9月に発売された恵友書房の『慢熟』である。モデルは岡まゆみだ。

この『慢熟』の編集者であった川又ルチオが書いた『ビバ！ビニ★ギャルズ』（立風書房　1981年）に、その騒動の凄さが書かれている。

こうして『慢熟』は、さっそうと店頭へ姿を現わすことになった。発売された日から、異常な売れゆきをみせた。

各小売店に配本してまわる営業マンが帰らないうちに、あちこちで売り切れの店が出て注文の電話がひっきりなしに入った。

こんなエピソードもある。ある店では、営業マンが配本にいくと、そこにお客さんが並んでいてその場で売り切れてしまったというのである。

もちろん印刷は間に合わない。印刷されている間にも、予約注文で売り切れになってしまうという状態だ。注文と印刷が追っかけっこをしながらさばくのである。

ビニール袋に入れる業者でも、そこだけの人数では足りず、ついに、毎日毎日、朝から晩まで『慢熟』を袋に入れる作業が編集部の仕事になってしまった。

実は、岡まゆみは撮影前日にドタキャンした子の代理として急遽やってきたモデルだった。なんとか撮影は無事終わり打ち上げの席で、彼女はカナダのトロントで開催されるミス・ヌード・コンテストの日本代表の一人として出場するのだと話したという。

そして撮影した本の製版が上がってきた日に、川又はスポーツ新聞で、岡まゆみがミス・ヌード・コンテストで2位に入賞したことを知り、表紙に「ミス・ヌード・ワールドコンテストで準ミス・ヌードに選ばれたギャル！」というキャッチコピーを小さく入れた。

海外のコンテストで2位になった女の子のビニ本が発売される。それがニュースとして週刊誌などで報道された。

ビニ本の存在を知らなかった人たちも興味を持った。『慢熟』は当時のビニ本のレベルからして、突出して過激だったわけではない。しかし、それまでのビニ本の進化を知らずに、いきなり『慢熟』を見た人にとっては、それは衝撃だった。なにしろ、絶対に「見えてはいけない」はずの陰毛が、薄いパンティの生地越しに、はっきりと見えているのだから。

『慢熟』はビニ本史上異例の10万部の売上を記録したといわれている。

1980年の後半、ビニ本ブームは業界関係者の想像以上に過熱していった。

警察関係者向けの雑誌『警察公論』1981年6月号に警察庁防犯課の小谷野捷治による「風俗関係営業の現状と問題点　いわゆるビニール本販売店、ノーパン喫茶等問題営業の出現」というこの時期の風俗産業の状況についての記事があるが、この中のビニ本に言及した部分を見てみよう。

ビニ本『慢熟』
（恵友書房）1980年

　ヌード写真誌等の公刊出版物は、最近ますます露骨化し、特に昭和五三年一月頃から出回り始めたといわれるいわゆる「ビニール本」にその傾向が著しい。「ビニール本」とは、販売店側が立見を防ぎ、かつ読者の好奇心をあおって購買心をそそるため、ヌード写真誌をあらかじめビニール袋に封じ込んで、店頭に陳列したため、俗にそうよばれるようになったものである。

このビニール本の規格は、通常A四判、B五判で、五〇頁前後となっており、一冊当たりの製作費は、モデル代、カメラマン代、印刷製本代等を含め三〇〇円前後とみられており、末端の小売価格では一五〇〇円前後となっている。このようにビニール本の出版は、わずかな資本で多くの利益を得ることができることから、一山あてようとする零細業者が相次いでこの業界に参入し、過当競争からその内容もますます悪質化している。

一方、これらのビニール本を販売する店は、五五年一一月現在で、専門店（取扱商品の約八〇%以上がビニール本である店をいう。）が全国で二二六軒、一般書店・一三〇三軒、兼業店・一二五二軒、計二七八一店となっており、しかも、その七割余りが表通り、ビル内の店等に位置している。

「悪質化」など、取り締まる側からの視点が興味深いが、さすがに店数などの把握が細かく、登場の状況がよく伝わってくる。

この昭和55年、１９８０年の11月にはさらに大きな出来事が起こる。

まず11月1日に大蔵省（現・財務省）が輸入図書やフィルムに関して「自然な状態であれば陰毛も修正せずに輸入が可」という規制緩和を発表したのだ。

ビニ本・裏本・ベール本

日本もいよいよヘア解禁、そしてポルノ解禁か、と一部マスコミは盛り上がったが、それほど甘くはなかった。


（前略）当局はあわててブレーキをかけた。「ヘアをOKしたつもりはない」というのだ。

「誤解のないようにしてください。光線の具合で、下腹部に黒いものが見える場合がある。つまり、影か陰毛か、どちらかとも判断ができないときは、これをセーフにするということです。これまでは、疑わしきも罰していたが、疑わしいだけでは罰しないことになった。ドラスチックな変更はあり得ない。強いていうなら、やや前進したかなという程度です」（東京税関・図書調査課長・大橋弘氏）

警視庁保安部防犯課も、はしゃぎすぎを戒めた。

「いかがわしいものは、どんどん摘発します。根本的にはそう変わっていません」

——週刊現代　1980年11月20日号

そしてこの「緩和」歓迎ムードに水を指すように、大蔵省の発表の12日後の13日にビニ本販売最大手の芳賀書店の芳賀常務取締役が逮捕されたのだ。

神田神保町の芳賀書店はビニ本ブームに乗り、店舗数を拡大し、この年の8月には8階建ての本社ビルまで完成させていた。全国で販売されるビニ本の1割以上を芳賀書店で売り上げているといわれ、当時29歳の芳賀常務はマスコミにも積極的に登場し、ビニ本業界のスポークスマン的な存在となっていた。

判決時の罪状は「店舗を訪れた多数の顧客に対応し、陰部、陰毛が透けて見えるパンティストッキングを着用した裸体女性がことさら股間を押し拡げている姿態などを露骨に撮影したわいせつの写真多数を掲載した写真誌『誘惑』約五、四七九冊を一冊七〇〇円で販売し」たこととなっている。

前述の『警察公論』掲載の記事にも「このような状況に対して警察では、この種の出版物に対する取締りを強化し、五五年一一月末現在までに前年中の検挙（二八誌）の約二・二倍に当たる六一誌（うち、ビニール本五八誌）をわいせつ図画販売（刑法一七五条）等で検挙しているが、今後とも悪質なものに対しては積極的に取り締まっていく必要がある。」と書かれているように、警視庁は強硬な姿勢を崩すことはなかった。

一方、取り締り側の警視庁保安一課。先に大蔵省が輸入ポルノの一部へア解禁を認めたため、規制を緩めていると思いきや、「とんでもない。俗にスケパンものとわれわれは呼んでいるのですが、この種の本は全て摘発の方針でのぞんでいる」と、ビニール本氾濫に苦り切っている。

——オール大衆　1981年1月1・15日号

「彼らビニール本業者は法律を無視してもいいと思っておるんだよ。われわれに挑戦しようとしている。だから、たたく。特に今回逮捕した『誘惑』はひどい。スケパンをはいているが、はいてないのと一緒。明確なヘアーと明確なヴァギナが出ている。ワイセツか否かなんて論じる余地はない。まして芸術なんて絶対いえんッ！」

——週刊文春　1981年2月19日号

ところがこうした摘発の報道によりビニ本の存在を知る人も多く、皮肉にもその人気はさらに高まっていく。

「芳賀書店の手入れがあって以来、売上げは三倍増。発禁になったビニール本はどれだと、お客さんがドット押し寄せています」（大阪・梅田のビニ本専門店）

——オール大衆　1981年1月1・15日号

「いや、ほんと芳賀さんのおかげ。今は一点三万部作っても足りなくて、営業が謝って歩いているんですよ。販売店も毎日のように増えている。今日も水商売をやめて、ビニール本に模様替えする、という電話が二、三本入りました」

——ビニール本某大手出版／週刊サンケイ　1981年1月22日号

しかし1981年に入ると、ビニ本は失速していった。出版社が増えたことによる過当競争で、過激度は高まっていく。もはや陰毛どころか性器が見えて当たり前という状況になり、そうなると当然のように警察の取り締まりも厳しくなっていく。

また、以前は摘発された場合でも、罰金で済んでいたのが逮捕されることが増えてきた。ビニ本は儲かると参入してきた業者たちも、それが危険な橋を渡る商売となれば手を引いていく。

ビニ本出版社は、松尾書房社長を代表とする業界団体「日本新雑誌協会」（当初は折鶴会）を結成し、自主規制に乗り出すも、警察の摘発の手は止まらなかった。

その影響でビニ本を求める客も激減する。ショップの売上は最盛期の半分以下へと落ち込んだ。

さらにその年、ビニ本にとって最も恐ろしい「敵」が現れた。裏本である。

裏本は新宿歌舞伎町などの繁華街で、秘密裏に販売される無修正の非合法な写真集である。夏頃から「茶封筒本」などと呼ばれて密かに出回っていたが、話題になったのは11月頃に『ぼたん』という本が発売されてからだ。そこには男女のセックスシーンが完全に無修正の状態で掲載されていた。性器も、接合部もアップで丸見えなのだ。

モデルはいかにも水商売風のケバい女性であり、当時かなりの美少女が登場するようになっていたビニ本のモデルに比べるとレベルはずいぶん落ちるものであったが、それでも無修正のインパクトは凄まじく、大きな話題となった。続いて『金閣寺』『法隆寺』などの本も発売され、これらは裏本と呼ばれるようになった。

陰毛が透けて見える、見えないといった話をしていたところに、完全に無修正のハードコアポルノが登場したのだ。

裏本も登場当初は、街頭でカバンを抱えた販売人が声を通行人に声をかけるといういかにも怪しい販売方法だったが、次第にビニ本専門店などでこっそりと販売されるようになっていった。この頃の裏本は数千円から1万円とかなり高価であったが、それでも飛ぶように売れた。なにしろ春画以来、日本人が初めて手にしたハードコアポルノだったのだから。

さらに翌1982年には無修正のアダルトビデオである裏ビデオも人気を集めるようになる。そうなると、いちおう合法的な商売として制作・販売しているビニ本はどうしても分が悪い。多くのビニ本出版社はアダルトビデオに活路を見出し、AVメーカーへと転身した。

それでも裏本に対抗しようとしたビニ本もあった。それが1983年春から登場した「ベール本」である。

極めて薄い網目の生地、ベールだけで股間を隠したビニ本だ。ほとんど透明のため、性器は丸見え状態である。透ける透けないというレベルではない。その形状まで完全にわかるのだ。

裏本は表紙では着衣のままの写真を使うのが普通だが、ビニ本は最も過激な写真を使うことが多い。

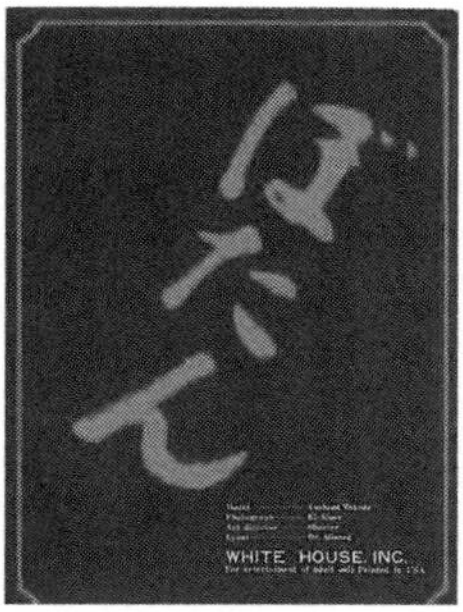

裏本『ぼたん』1981年

ベール本という呼称の語源となったといわれる『BALE AND BALE』（飛鳥書房）も表紙からして、人気モデルの麻生めぐみが紫色の薄いベール越しにM字型に開いた股間の中心を見せつけている。それどころか両手でそこを押し開いているのだ。ベール越しに性器の形状ははっきりと確認できる。肛門に至ってはベールもかけられておらずに丸出し。麻生めぐみの陰毛はかなり濃く、かなり黒々とした生えっぷりなのだが、もはや誰も陰毛のことなんか気にしない。
斉藤修は『BALE AND BALE』の衝撃をこう語っている。

KUKIあたりが、末期のころ、苦し紛れに出していたおよそエロとは無関係なビニ本の数々がついに姿を消し、一時期ビニ本業界がシーンと静まりかえった事があった。その静けさをドカンと打ち破ったのが、優美堂、飛鳥書房のベール物ビニ本だった。特に、飛鳥書房の麻生めぐみ出演の『ベール&ベール』は、当時ビニ本を相当見慣れていた私でさえガーンというショックを受け、急いで買って帰った記憶がある。スケパンより一歩進んだ形の見せ技に、うれしさ半分、そしてこんなもん出して大丈夫なんだろうかという心配半分が入りまじり、激しく心が揺れたものだ。恥毛はおろかインシンも、スケパンの時とちがってひしゃげないで見えるのに深く感動していた。

——オレンジ通信　1986年12月号

実は筆者が高校生の頃が、ちょうどこのベール本全盛期に当たる。高校が御茶ノ水だったため、神保町のビニ本屋に勇気を出して足を踏み入れたりしていた。
当時のビニ本屋は店内に表紙をずらりと並べてディスプレイしていたのだが、こうしたベール本が並べられているということは、女性器がほぼ丸出しの写真が並べられているということになる。高校生には、あまりにも刺激の強い光景であった。

しかし考えてみると、その後、現在に至るまで普通に営業している店舗の店内に女性器丸出しの写真がずらりと並んでいるということは無い。これはこの時期だけに出現した異様な光景だったのだ。

『オレンジ通信』や『アップル通信』（三和出版）といったエロ雑誌もビニ本を詳しく紹介するようになり、ビニ本は第二次ブームを迎える。

しかし1985年に新風営法が施行されると規制が厳しくなったことからビニ本屋が次々と閉店していった。

そしてビニ本も、既刊を再構成（タイトルと表紙だけ差し替えたものが多い）した再生本や、裏本に修正を入れたもの、さらには修正のきついスミベタ本と言われるものばかりになり、新たに撮り下ろした新刊はほとんどなくなっていく。

1986年には、芳賀書店がビニ本の取り扱いを停止する。

こうしてビニ本の歴史は終焉を迎えることとなるが、その一方で裏本は2006年まで生きながらえた。

麻生めぐみ『BALE AND BALE』
（飛鳥書房）1983年
※一部修正

少女の性器は猥褻ではない

1985年の11月号で『ヘイ！バディー』（白夜書房）という雑誌が5年の歴史に幕を下ろした。編集長の高桑常寿は編集後記（編集フコウ記となっている）にこう記している。

三年ほどで、得た結論は、ロリコン＝ワレメでした。どんな情報も企画も一本のワレメには勝てません。読者のほとんどが性器が見たくてしかたのない、単なるスケベでした。しかし、その大多数の読者のおかげで、マイナーでイコジな読物の頁がささえられてきました。ところが本誌増刊『ロリコンランド』の発禁で時代が変わりました。ワレメはワイセツであるとの当局の結論が下されたようです。ワレメが見えないロリコン雑誌はもはやロリコン誌とは呼べません。僕自身ロリコンを扱う事にアキアキしていた時期でもあり、以後ロリコン誌とは呼べなくなるＨＢを終刊する事にしました。

読者のみなさま、そして関係者のみなさま、ありがとうございました。

『ヘイ！バディー』は１９８０年に創刊されているが、その当時はグラスを片手にしたセクシーな金髪美女が表紙を飾っているような「普通の」エロ雑誌であった。

しかし、次第に少女・幼女をテーマとして取り上げるようになり１９８２年にロリコン雑誌に方向転換をし、人気を集めた。

編集長が終刊の辞で語っていたように、この頃、話題となっていたのは少女ヌードのワレメ、すなわち性器であった。

当時は、少女のワレメは猥褻ではないという見方がされていたため、写真集や雑誌、そしてビデオなどでも、無修正で発売されていたのである。

少女ヌードのブームは、１９７９年に発売された『リトルプリテンダー　小さなおすまし屋さんたち』（撮影：山本隆夫　ミリオン出版）のヒットから始まる。

少女のヌード写真自体は、19世紀末のイギリスでも流行していたし、日本でも１９２６年の『アサヒカメラ』創刊号にも十歳前後の少女の全裸を撮影した「少女と壺」という作品が掲載されている。

少女ヌード写真集としては、１９６９年に発売された『ニンフェット　十二歳の神話』（撮影：剣持加津夫　ノーベル書房）が最初ということになるだろう。

この写真集の発売を『週刊現代』１９６９年11月27日号はこう報じている。

「いいえ、決して猥褻《わいせつ》な写真集ではありません」と開口一番、弁明しながら出版の意図を語るのは同社社長・山本一哉氏。

「（前略）ヌードばかりあふれている現代に、男でも女でもない、妖精のような少女のヌードを描こうと思ったのです。年齢を何歳に置くかが大問題でしたが、十二歳のころの少女は大人と子供の境にあってあどけない美しさを秘めています。それで十二歳のモデル起用に踏み切ったのです。しかし少女といっても、女でしかもヌードであるからには、あの割れ目も現われる。それをいかに純粋でいやらしくなく表現するかに、最善の注意と努力をはかったのです」

（中略）パンフレットの宣伝文には「裸そのもの、天使そのものの美しさと同時に、来たるべき大人への成熟を前に神秘な怖れと妖しい光を宿した美しさをたたえる」とあるが、〝少女自身〟が出ている写真を目にするとき、妖しげな感情を漂わせるムードに読者のほうは酔いしれてしまうかもしれない。

なんだかんだいいつつも、「割れ目」「少女自身」と性器の表現に注意が言っているあたりが興味深い。

『ニンフェット　十二歳の神話』はテーマの構成担当として女優の高峰秀子を起用。さらに中村メイコの娘であり、当時このモデルと同じ12歳であった神津カンナが詩を寄せるなど、できるだけ猥褻さから遠ざけようとする苦労は見て取れるのだが。

その後も1973年に沢渡朔が『少女アリス』（河出書房新社）、1977年に清岡純子が『聖少女』（フジアート出版）を発表するなど、少女ヌード写真集は少しずつ増えていき、その延長上で『リトルプリテンダー』が発売されたのである。

ロリコン小説家の斉田石也は『リトルプリテンダー』の衝撃をこう語っている。

（前略）そんな矢先の『リトルプリテンダー』の出現は、僕にある種の安堵感を与えてくれた。もちろん、それを手にした瞬間にそんな思いが一気に消え去ったわけでもないが、それまでの分厚い表紙とやたら偉そうな装丁で美術書のパターンを取っていた写真集と違い、すでに氾濫していたアダルトヌード写真集と同じ様なパターンを取っていた所に、何となくスケベ心で見る事にお許しが出た様な気がした。もっとも、これに続く初期のムック形式の写真集はあくまでも芸術的視点を守り抜き、裸のカットは全体の半分ぐらいで、ワレメが映っているカットはさらにそれの三割程度と言うのが平均的パターンだった。それでも『リトルプリテンダー』以前の写真集と比べると、はるかに刺激的であり見る者の心を踊らせる内容に仕上がっていた事は間違いない。

——ミルククラブ　白夜書房　1991年

『リトルプリテンダー』は発行元も、美術系出版社ではなく、その同じ年に『SMスナイパー』を創刊させるミリオン出版だった。

『リトルプリテンダー』は一説によれば20万部という大ヒットとなり、以降は雪崩を打つように少女ヌードの写真集は次々と出版されていく。そしてその多くがエロ系の出版社であった。

少女の裸は商売になる

「芸術」としてスタートした少女ヌードだったが、広まっていくにつれ、陰りの見えてきたビニ本の次に来るブームだという見方をされるようになる。

『週刊読売』(読売新聞社)1981年12月20日号の「見えるものが見える！　美少女ヌード集の商魂」という記事などは、正にそうした観点からブームと捉えている。

ヌード氾濫、ビニ本爛熟の中で、ちょっとやそっとの写真を見ても、生唾を飲み込むようなこともなくなってしまった。が、ペチャパイ、ワレメちゃんバッチリの美少女ヌードを見せつけられると複雑な心境となる。芸術性追求の撮影者、商魂たくましい出版社、ビニ本代わりの愛好者、三者三様の思惑絡みで美少女ヌードがブームを巻き起こしつつある」

「千円前後の新書判、雑誌形式のものから、四、五千円の高額なものまで、三十種類ぐらい置いていています。一日三十冊ぐらい売れ、写真集全体の三割ぐらいの売り上げを占めてます」

と東京新宿の紀伊国屋書店でも売れ行きは好調のようだ。

（前略）ダイナミックセラーズの高浜宏次社長は、出版の動機を語る。

「最初に企画を思いついたのは、ビニ本のかげりが見えてきた今年の初めでした。ビニ本はますますエログロ化し長続きしないだろう。この次は少女たちの、清純で自然なヌードが求められるのではないか、と…」

この記事の中で、作家の藤本義一は「ビニ本代わりは八割はいるでしょう」と切り捨て、社会心理学者の石川弘義教授も「日本はアメリカ並にハード化出来ないので、ビニ本で刺激を高めるだけ高めると、方向転換せざるを得なくなって、少女ものが出てきたんです。ロリータ・コンプレックスと言う人もいますが、そんなものではないです。少女ものはショートリリーフの役割にしかすぎません」と目先の変わった流行のひとつだと分析している。

ワレメちゃんバッチリに警察はまだ静観状態である。

「少女だから、成人だからの区別は法律にはありません。あくまで総合的に判断するとしかいえません」（警視庁広報課）

陰毛こそがヌードにおける猥褻の境界線だとしていた当時の風潮からすれば、陰毛がまだ生えていない少女の性器は猥褻ではない、という理屈がまかり通っていたのだ。

少女ヌード自体がご法度という現在からすれば、信じられない状況だが、80年代前半にはそれが通用していた。

幼い子供の裸に性欲を感じるはずがないという概念があり、子供のヌードは「微笑ましいもの」として扱われていた。70年代には浜辺で白人の幼児二人が全裸で遊んでいる写真が表紙に使われている一般グラフ誌もあったほどだ。その一人の少女のワレメは、はっきりと写っているのだが、表紙に堂々とそういう写真が使われていても気にする方がおかしい、そんな考えがあった。

しかし、その一方では、それを性欲の対象として見る人も少なくなかったのだ。そのため、少女ヌードは商売として成立した。

実際にこの時期、『週刊読売』の記事にもあるように紀伊國屋書店をはじめとする一般の書店でも少女ヌード写真集は普通に並べられていた。

当時、中高生であった筆者も本屋で清岡純子撮影の『私は「まゆ」13歳』(フジアート出版)などの少女ヌード写真集を立ち読みした記憶がある。こうした本はエロ本コーナーではなく写真集のコーナーに置かれていたので、未成年としてはむしろ手に取りやすいという状況だった。

また『平凡パンチ』などの週刊誌でも、その『私は「まゆ」13歳』のモデル、花咲まゆのヌードグラビアが、斉藤慶子の水着グラビアと並んで巻頭を飾っていたりもした。

そして一般的なエロ雑誌にも、少女ヌードが掲載されているのは普通のことだった(たいていは、その出版社が発行する少女ヌード写真集からの流用カットだった)。

普及しはじめていたビデオソフトでも、少女ヌード物は人気だった。AVが誕生したのは1981年といわれているが、その翌年の1982年には、早くも『あゆみ11歳　ちいさな誘惑』(三田プロダクション)という作品が発売されている。

1983年には『少女M13歳』(現代映像企画)が大ヒット。モデルの少女Mも人気を集め、『週刊プレイボーイ』を始めとする多くの雑誌に登場。1984年には『スクラップ・ストーリー　ある愛の物語』で映画主演も果たす。

『少女M13歳』に続けとばかり、この後、多くの少女ヌードビデオが発売された。1983年だけで30本以上が作られ、レンタルビデオ店の成人向けコーナーにこうした作品がAVと共にズラリと並んでいた。

このように80年代前半の日本には、少女ヌードが溢れていたのだ。

少女ヌード写真集が盛り上がるのと時を同じくして、漫画やアニメを愛好する層の間でも少女愛＝ロリコン（ロリータ・コンプレックス）が盛り上がっていた。まだ「オタク」という名称が一般化するより前の時代だ。

その発端と言われるのが日本初のロリコン漫画同人誌と言われる『シベール』が、1979年に創刊しコミケ（コミックマーケット）で販売されたことだ。『シベール』は、既に人気漫画家であった吾妻ひでおを中心に作られた同人誌で、そのメンバーの中にはさらに以前からロリコン同人誌『愛栗鼠』を制作していた蛭児神建もいた。『シベール』は次第に人気を集め、漫画界におけるロリコンブームの発火点となる。

その吾妻ひでおが漫画を連載していたのが『少女アリス』（アリス出版）である。『少女アリス』は自販機本であり、日本で最初にロリコンをテーマにした雑誌だった。実際にはヌードグラビアに登場するモデルは18歳以上であったが、少女的なイメージを打ち出していた。

特に川本耕次が編集長となった7号以降は、よりロリコン誌的なコンセプトをはっきりと打ち出すようになる。

「少女アリス」の編集を任された私がまっ先にやったのは、吾妻ひでおに原稿を頼みに行く事だった。三流エロ劇画ブームの仕掛け人と呼ばれていた私なんだが、その頃には「次はロリコンだ」と考えていて、既にコミケットでロリコン同人誌「シベール」を売っていた吾妻ひでおは看板になるだろうと思ったのだ。

——川本耕次『ポルノ雑誌の昭和史』

ヌードグラビアこそ18歳以上のモデルであったが、他にも街角の少女のスナップや少女愛をテーマにした小説やコラムなどが誌面を埋め、ロリコン誌として密かな人気を集めていった。1980年8月に発売された15号は5万部以上を発行したという。

1981年には日本初の商業ロリコン漫画雑誌『レモンピープル』（あまとりあ社）が創刊、1982年には、10歳のヒロインが主人公のエッチな漫画『あんどろトリオ』が『週刊少年チャンピオン』に連載される。作者の内山亜紀は成人向けエロ漫画誌でロリコン漫画を描いており、『あんどろトリオ』もヒロインがやたらとオムツを穿かされるなど、かなりマニアックな内容であった。

ロリコンは社会的なブームとなっていた。現在のような犯罪性の高い印象はなく、少し変わった趣味の人、くらいのイメージで捉えられていた。

『宝島30』1994年9月号掲載のロリコンブームを振り返る座談会「受験と女権とロリータ文化」の中で、斉田石也は「当時はロリコンであるということがファッションみたいな、流行の先端みたいに考えている大学生なんかがいましたものね」と語っている。

禁じられた「ワレメ」

そんな中、『ヘイ！バディー』の増刊号である『ロリコンランド8』が摘発され、発禁処分となった。

終刊号である1985年11月号には編集長と執筆陣による廃刊記念座談会が掲載されている。記事のタイトルは「少女のワレメはワイセツと、当局が判断」だった。

高桑　んで、休刊の話に行きたいと思います。えー、バディーの増刊、ま、合本とゆーか『ロリコン・ランド　パート8』と言うのが発禁になりまして、そこで自主的に本誌を廃刊にしようと言うことになりまして。

高取　あ、自主的になの？

高桑　ええ、これ以上続けても、もうワレメは出せないと。そうなるといいものは出せないし、具体的に部数に響いてくるんで。まあ、休刊になります。今まではこの程度の物は許されていたんですね。それが突然ですからね。戸惑いは隠せないですね。最近、まとめて各出版社のエロ本が発禁になってるわけで、かなり取締りがきつくなってる。

（中略）

高取　だからワレメに関しては判断を保留してたのがワイセツだと認めてしまったんじゃないの。ただ、今年に入って、全般的にエロ本を作ってる出版社をチェックし始めたんですね。

高桑　ロリータものに関しては去年の暮にモペット裁判で、性器の判断が出たんです。

高取　あれ、何歳までいけないの？　銭湯はどうなるの？

永山　じゃ、お父さんが女の赤ん坊銭湯に連れていくのもイケナイ（笑）

高取　前貼りをつけないといけない。

ここで出てくるモペット裁判とは70年代後半から輸入されるようになったアメリカのヌーディスト村を撮影した写真集『モペット』シリーズのことで、それが摘発され裁判となったところ、東京地裁で以下のような判決が下されたことを指す。

本件各写真誌の多くは性的に未成熟な女児についてのものではあるとはいえ、その陰部が露骨かつ鮮明に撮影された写真を含んでいるところ、一般に人の陰部を直接に描写した写真は、被写体がことさら性的姿態を示していないものであっても人の性欲を刺激・興奮させる度合いが強いこと、及び人が陰部をあからさまにせず、たとえ幼児であってもことさらに陰部を露出させないことは、現在においても我が国において確立されている基本的な道義観念であることにもかんがみると、本件写真誌については、その程度は低いが、人の性欲を刺激、興奮させ、正常で（原文ママ）性的羞恥心を害するものであり、刑法第一七五条のわいせつ図画にあたるというべきである。

これが1980年8月での判決だが、原告は控訴し、それが1984年末に最高裁で棄却されている。

それまでの「陰毛の生えていない少女のワレメは猥褻ではないから無修正でもOK」という基準がここで明確に否定されたのだ。

これは、少女ヌードを商売としている側にとっては大きな打撃となった。ワレメが写っている、いないで売り上げが変わってくるという状況が『ヘイ！バディー』編集長の「具体的に部数に響いてくるんで」という発言に実感として表れている。

編集後記に書かれた「三年ほどで、得た結論は、ロリコン＝ワレメでした。どんな情報も企画も一本のワレメには勝てません。読者のほとんどが性器が見たくてしかたのない、単なるスケベでした」という文章も、結局は本当のロリコンの読者は少なく、多くの読者は成人女性の性器を見ることが出来ないから、少女のワレメを代用品として見ていただけなのだろうというある種の落胆が感じられる。

以降は、少女ヌードのワレメには修正が入れられることとなる。

しかし、ワレメにかかわらず少女ヌードが見たいという読者も少なくなかったようで、その後もロリコン雑誌は作られ続ける。

ところが１９８９年に東京・埼玉連続幼女誘拐殺人事件が起きたことから、未曾有のロリコンバッシングが巻き起こった。

「ロリコン五万人　戦慄の実態　あなたの娘は大丈夫か？」（週刊文春　１９８９年８月31日号）「あなたのそばにいる危険なロリコン男たち」（週刊読売　１９８９年９月３日号）「根性なしヤングの心の奥を探る　いまどきの若いモンよ！　ロリコンビデオと遊ぶより生身ボディコンギャルと遊ばんかい！」（週刊ポスト　１９８９年９月８日号）というようにロリコン趣味、いやそれだけではなくオタク趣味の男性までも犯罪予備軍のように糾弾しはじめたのだ。

それでも細々とロリコン雑誌や少女ヌード写真集は作られ続けたのだが、１９９９年に「児童買春、児童ポルノに係る行為等の処罰及び児童の保護等に関する法律」（通称　児童ポルノ法、児ポ法）が施行されると、それも発売することは出来なくなり、その息の根を止められることとなった。

黒ラベルで隠されたマン・レイ

欧米では60年代末から70年代にかけてポルノ解禁の波が押し寄せていたが、日本では80年代に至っても、陰毛の表現すら許されていなかった。

そのギャップが様々な事件を起こしていた。

１９７５年に東京国立近代美術館で開催された「ポール・デルボー展」の図録で、作品中の陰毛にボカシを入れたところ、ベルギー大使館から抗議が入り、慌てて作り直すという事件があった。ポール・デルヴォーはベルギーのシュールレアリズムを代表する画家で、女性のヌードが登場する作品が多く、その股間に黒々と生えた陰毛を描くのは彼のトレードマークと言ってもよいほどだった。それを修正されたということで、ベルギーが誇る画家の作品を台無しにしたと大使館が怒ったのも無理はないだろう。

さらにデルヴォーの作品である「森の目覚め」が掲載されたフランスの週刊誌『Paris Match』と『L'Express』が税関で局部を黒塗りされたという事件もあった。

前述のように１９８０年11月には、大蔵省が輸入図書やフィルムに関して「自然な状態であれば陰毛も修正せずに輸入が可」という規制緩和を発表しているのだが、1982年にみすず書房がアメリカやフランスで活躍した画家・写真家であるマン・レイの写真集を出版するために輸入しようとした際に、ヘア露出の写真があることで税関から「返送、廃棄あるいはスミの塗抹か」の選択を要求されてしまう。

みすず書房は大蔵省に説明を求めるが、以下の決定事項を申し渡されたという。

（1）九月五日「善処」の申し入れに対し関税定率法第二一条第一項第三項により、特別の措置をとることはできない。

（2）全購読者の氏名がチェックできれば、無修正輸入も考えられるが、四〇〇〇部の場合には読者は不特定多数であり、具体的氏名の把握も不可能であるから、それは困難である。

（3）芸術かポルノかの判定は税関ではできない。その判定をしたとすれば、文化統制のそしりを受けることになろう。

（4）東京都内の洋書店の店頭、例えば西武百貨店内「アール・ヴィヴァン」で、同書の輸入洋書が販売されているが、その件についての関税局側の説明は、次の通りである。「少部数の輸入であり、輸入の際に誓約書を書かせている。また販売の際には購入者の氏名を書かせている。これは文化的芸術的著書としての考慮からである。いわゆる店頭にはないはず、云々」

——『写真家マン・レイ』特別付録『写真家マン・レイ』検閲問題資料より

結局、みすず書房から1983年に発売された写真集『写真家マン・レイ』は、問題となった写真4点の股間部分に四角い黒ラベルが印刷された状態で発売されることとなった。

「全購読者の氏名がチェックできれば、無修正輸入も考えられる」というのも、なかなかすごい。陰毛の写っている写真は、まるで取り扱い危険物のようだ。

法学者の奥平康弘は、このマン・レイ事件について、こんな疑問を投げかけている。

（前略）たとえば「マン・レイのヘアつきのヌード写真は『徒に性欲を興奮又は刺戟せしめ、且つ普通人の正常な性的羞恥心を害し、善良な性的道義に反する』、ゆえに『わいせつ』である。けれども、ヘアの部分を黒塗りにすれば、とたんに『徒に性欲を興奮又は刺戟する』とはいえなくなり、『且つ普通人の正常な性的羞恥心を害する』とはいえず、『善良な性的道義観念に反する』ものと化し、したがってもはや『わいせつ』とはいえない」……この論理に素直にうなずけるひとは、何人いるだろうか。

――「刑法一七五条と関税定率法二一条三項」『NEW NUDE2』掲載　毎日新聞社　1985年

実際、股間を四角い黒ラベルで隠したヌード写真は、余計にポルノ写真的な猥褻感（そして滑稽感）を醸し出しており、これでは逆効果なのではないだろうかと思わずにはいられない。

しかし、逆にいえばこの頃は、性器と陰毛され隠しておけば、猥褻とは判断されないという状況でもあった。

小説への１７５条での摘発は１９７８年の富島健夫『初夜の海』上下巻（スポニチ出版）が最後である。もはや文章が「猥褻」と判断されることはなくなっていた。

猥褻の境界線は陰毛の露出に引かれていたため、その判断は機械的に行われていた。そのため、そこには「芸術」か「ポルノ」かという区分もなかった。そして、そこさえ隠してしまえば、それは「猥褻」では無くなるのだ。ある意味では、非常に公平で効率的な考え方だと言えなくもない。

それでも海外の基準とのズレがこうした事件を巻き起こし、その度に「日本は時代遅れだ」といった非難の声が上がることに当局も頭を悩ませていたのだろう。

ポルノ解禁に対しては諸手を挙げて賛成という人は少なかったが、「芸術」の自然な陰毛の露出については解禁すべきなのでは、というのが世論の空気だった。

そうした流れの中で、一般雑誌やエロ雑誌のグラビアとは違う「写真家によるヌード写真」は、すこしずつ陰毛表現への挑戦の歩を進めていった。

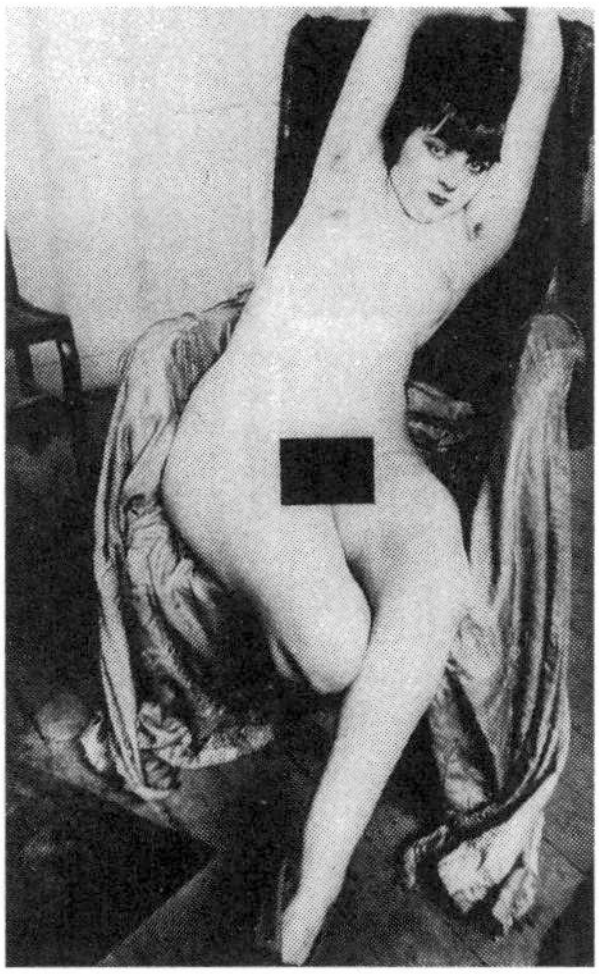
マン・レイ 飯島耕一・訳
「写真家マン・レイ」
（みすず書房）1983年

「ヘアも自然なら」というサバけたご託宣を出したのは大蔵省関税局……昨年秋のことだった。スワ、ポルノ解禁かという声もあったのだけれど、あに図らんや、その後の警察の取締りは強まる一方。さすがのビニ本業界も青息吐息。だが、ビニ本がダメならと、ついに登場してきたのが一冊ン万円の豪華本。〝芸術性〟を謳い文句にヘアもバッチリ。キワどい写真も無修正で載っていたりして、目下、静かなブームを呼んでいるのだという。「これぞ自然なヘア」というわけなのだが、さて、めでたく「パス」となりますかどうか……。

『週刊新潮』（新潮社）1981年12月3日号の「やはり出た『ヘアも自然なら可』に乗ったヌード写真の『判定』」という記事のリード文である。この記事で、まず紹介されているのは日本芸術出版社から発売されている『写Girl』という写真集だ。

堅牢《ろう》な箱入りで、ページ数も、ペラペラのビニール本などとはワケが違って、ズッシリと重い。四百三十一ページ。お値段の方も一冊千二百円が標準のビニ本とは比較にならない。何と一万八千円！　内容も怪しげな男女のカラミなどはまったくない。

何しろ、この本、秋山庄太郎さんをはじめ、大竹省二、立木義浩、堀江英公氏といったわが国婦人科カメラマンの一流どころをズラリと並べ、その一方には池田満寿夫さんや岡本太郎氏、あるいは三遊亭円歌師匠ら、〝ゲスト〟による作品、それにデビッド・ハミルトンらの外人有名カメラマンのものまで満載した、いうなれば〝世界のヌード年鑑〟ともいうべき豪華写真集なのだ。

高価であるにもかかわらず、2万部がほぼ完売という人気ぶりだが、その人気の秘密は有名カメラマンが集結しているだけではないと、「さる好事家」のコメントを紹介している。

「何といっても、自然のヘアが何の修正もされず、堂々と出されているところが魅力なんですよ」

さらに記者もこの本を見て「ヘアの一本一本が数えられるほどくっきりした写真が枚挙にイトマなし。肝心な部分が、ちょっぴりだけど、のぞいているものだってある」と興奮を隠さない。

しかし、この『写Girl』はまだ注意も摘発も受けていないということで「何でビニ本だけが徹底的にやられて、豪華本だとやられないんだよォ。法の下の公平さを欠いてるよ」とビニ本業者の嘆きまで紹介している。

記事では、警視庁保安一課のベテラン担当官にも話を聞いている。

「警察はヘア解禁などといった覚えはひとつもありません。ヘア以外でも、からみ、自慰、レズビアン、性器そのものの描写は、少女ヌードでも、警告、あるいは摘発をビシビシと行っています。豪華本についても、まあ、実際のところ、本を買う予算のこともあるし、あまり高いモノばかり買えるわけでもない。また一般にそういう本は通信販売の形をとっていることが多く、手に入れにくいということもあるので、なかなか難しいが、しかし、いくら芸術性があるとか、著名なカメラマンがとっているとかいっても、決して、手はゆるめません。ビニ本と同じです。毛が見えるのは絶対にダメ。（豪華本は）これから摘発される可能性が十分あると思って下さい」

なんと豪華本は高くて買えずにチェックできないから、と正直に告白してしまっている。記事も「買うなら、警察に予算がないらしい、いまのうちですかな」と結んでいる。

記事でも『写Girl』人気に便乗した類似写真集なども紹介しているが、この後、こうした「写真家による陰毛を露出したヌード写真」は勢いを増していく。

芸術と猥褻の間で陰毛は揺れる

1983年には美術評論家の伊藤俊治が中心となり、20年代から80年代に至るアートとしての海外ヌード写真の集大成ともいえる『NEW NUDE』（毎日新聞社）が『カメラ毎日』別冊として発売される。そこには陰毛がはっきりと写った写真も多数収録されていた。みすず書房の写真集で四角い黒ラベルを貼られたマン・レイの写真も、そのまま掲載された。

『NEW NUDE』は評判を呼び、1985年には日本の写真家も取り上げた続編の『NEW NUDE2』も発売された。どちらも警視庁から警告を受けるに留まった。

『NEW NUDE2』には編集後記的にこんな文章が掲載されている。

（前略）なんだかヘア解禁、刑法一七五条へのたたかいのフロントに押し立てられているようでケツの穴がこそばゆい。

はっきり申し上げて、カメラ毎日はワイセツ最前線の戦士である、つもりはない。魅力的な写真をのせているだけなのです。（中略）毛が見えるかどうかが何かの基準なのなら、無毛症の人はどうなるんだろうか、というごく単純だが根源的でソボクな疑問は大切だから忘れないようにしよう。

問題は、性はいま表現されるべきものであるより、売り買いされるものになっている、ということじゃないだろうか。性はメシを食うのとかわらない飽食のところに、いま日本ではある。そこにおいて、性表現は可能か？ということだ。

（後略）

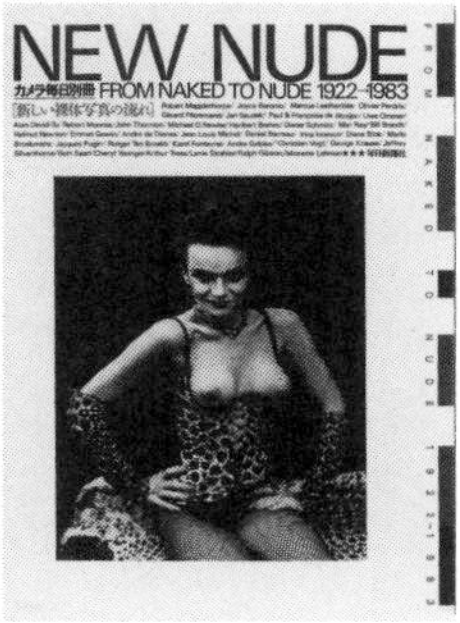

「NEW NUDE」
（毎日新聞社）1983年

『NEW NUDE2』が発売された１９８５年には『ブルータス』（マガジンハウス）9月15日号が、広告ディレクターの井上嗣也がディレクションを手がけた特集「裸の絶対温度」を掲載する。

写真家38人によるヌード写真の１００ページ近いボリュームの大特集である。当然のように陰毛が写っている写真も多い。

高価な写真集や美術雑誌でもない、『ブルータス』のような大部数の雑誌がこうした特集をやるのは初めてのことだった。この号に対してコンビニエンスストアの最大手である

「セブン-イレブン」が取り扱いを中止するという事件もあり、そして編集部に対して警視庁からの呼び出し、警告もあった。

その時の様子を『ブルータス』編集長が『週刊宝石』（光文社）に語っている。

「企画意図の説明をしたんです。決してヘアがテーマではないとね。ヘアに関しては無知ではないが、自然な表現の結果としてヘアが出ていても、ワイセツではないと考えていると……。（中略）これからもやっていいということではないが、やるなということでもなかった。基本的に、ものすごくいかんことをしたということではなかった」

といささか拍子抜けの感じで事情聴取だけに終わった。

——週刊宝石　1985年10月18日号

1986年には『NEW NUDE3』が発売されたが、今回はわいせつ図画販売容疑で編集者が書類送検された。前号までに比べて『3』は確かに過激度が高く、陰毛どころか性器まで露出している写真が多かった。

特に問題になったと思われるのはアンリ・マッケローニによる「一人の婦人の二千枚の写真から選んだ百枚の写真」であろう。一枚一枚は小さなベタ焼きの状態ではあるが、2ページ見開きで女性器をアップで写した写真が百枚並べられるというものだった。

このマッケローニの作品は、袋とじの中に収められていた。

そしてその袋とじの中に一緒に収められていたのが、荒木経惟と末井昭によるコラージュ作品であった。１ページ大に拡大された女性器の内側に風景や人物の写真が貼り込まれているというものだが、陰唇やクリトリスが半分ほど見えてしまっているという過激な作品だった。

これは「オマンコラージュ」というタイトルのシリーズで、もともとは白夜書房の雑誌『写真時代』に掲載されたものだった。

荒木経惟は日本を代表する写真家の一人であり、末井昭は白夜書房の編集者である。「オマンコラージュ」は荒木の撮影した写真を末井がコラージュした二人の共同作品だ。コラージュ作業は末井に完全に任せっきりだったらしく、荒木の末井に対する信頼感が伝わってくる。

二人は末井昭が１９７５年から編集長を務めていたエロ雑誌『ニューセルフ』からの付き合いであり、このコラボレーションは、その後『ウイークエンド・スーパー』（セルフ出版）を経て、１９８１年創刊の『写真時代』で結実する。

『写真時代』は、「写真雑誌からこぼれおちた写真」「写真論のない写真」による写真雑誌というコンセプトを持っており、ヌード写真からパンチラ写真、心霊写真、パロディ写真、死体写真などありとあらゆる写真をごった煮にした写真雑誌であった。

『ブルータス』（マガジンハウス）
1985年9月15日号

当初、末井が『月刊アラキ』『アラーキズム』という誌名を構想していたというほど、荒木経惟を全面的にフィーチャーした雑誌であり、創刊当初から荒木が連載を３本も担当していた。

独特の質感のヌード写真を得意としていた荒木経惟は陰毛

や性器がちらりと見えるような写真も『写真時代』に多く提供している。

『ニューセルフ』『ウイークエンド・スーパー』の延長線上にあることからもわかるように『写真時代』もエロ本としての顔を持っていたが、荒木経惟や森山大道、倉田精二、北島敬三といった著名な写真家を起用している写真雑誌である。

芸術であればエロ本よりも許されやすい、という計算も末井にはあっただろう。実際、過激な写真の多いエロ本として『写真時代』を買っていた読者は多かった。だからこそ最盛期は35万部という、写真雑誌では考えられない発行部数が実現したのだ。

とはいえ、実際には毎月のように警視庁へ呼び出されて警告を受けていたという。

そして1988年4月号が「わいせつ罪に該当する写真」を掲載しているということで回収を命じられ、休刊を余儀なくされる。

ナマズの着ぐるみを被った男が女性とからんでいる「オンセンナマズ伝説」や、AV女優のきららら渚を撮影した「東京ヌード」などの荒木の作品を含むいくつかのページが問題になったという。確かに陰毛の露出は見られるものの、他の号に比べてこの号が特に過激という印象はない。おそらく何らかのタイミングが悪かったのだろう。

この時期までに荒木経惟は、他の多くの雑誌でも陰毛の写った写真を発表している。例えば1985年の『福娘』(ミリオン出版)の創刊号でも「東京ヌード」のタイトルで妊婦の女性の黒々とした陰毛が写ったヌードを撮っているが、特に警告もなかったという。

やがて、やって来るであろう「ヘアヌード解禁」の時代の扉をこじ開けるのは、荒木経惟であろうと当時は誰もが思っていたのではないか。

しかし、その役を担ったのは皮肉にも、何かと荒木とライバル視されていた篠山紀信であった。奇しくも荒木経惟は1989年に、そして篠山紀信は1990年に、『TOKYO NUDE』という同じタイトルの写真集を出している。そのどちらにも、しっかりと陰毛が写っていた。

解禁への一進一退

週刊誌で最初にはっきりと陰毛が写った写真を掲載したのは『週刊新潮』だった。1981年3月26日号の「罰金二万円ナリ原宿春一番」というモノクログラビアのニュース記事である。

これは3月8日の原宿の歩行者天国に出現した女性ストリーキングを報じたものだった。右ページには歩行者天国を疾走する全裸の女性の後ろ姿、そして左ページには二人の警官に連行される全裸の女性の全身を撮影した写真が大きく掲載されている。その股間部分には黒々とした陰毛が無修正で写っているのである。

この事件の詳細は活版ページの「『突発』じゃなかった表参道『ストリーキング』」という記事に書かれている。

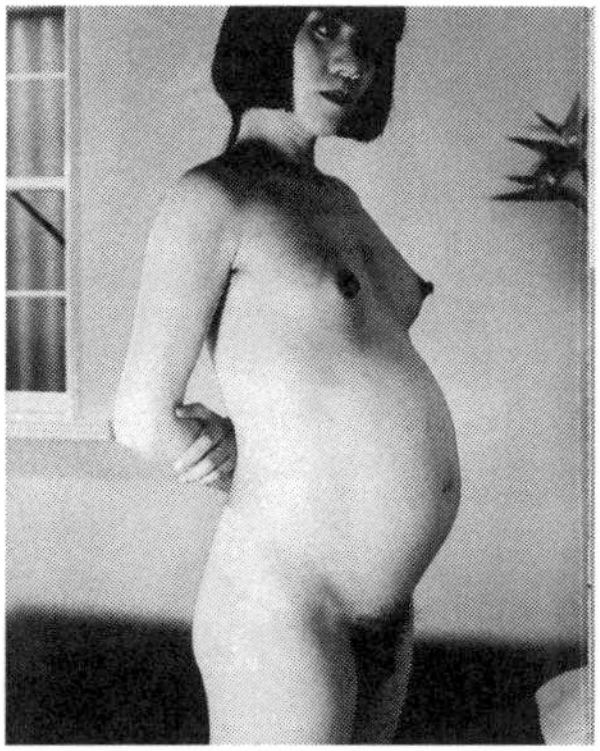

『福娘』（ミリオン出版）
1985年6月号に掲載された
「東京ヌード」。

休日の歩行者天国の平和な光景が突然の乱入者によって混乱に陥った様が記されているのだが、その中に

（前略）ヘアの写っている写真もあるが、これをワイセツ写真などというなかれ。あくまで、「公然ワイセツ罪で捕まった女性の現場報道写真」にすぎない。もしも、ヘアが写っていなければ、「正しい報道写真」とはいい難いのである。

ともあれ、ひた走る彼女のヘアは、肝心の部分を覆うがごとく、守るがごとく……。

とグラビアの陰毛露出写真への言い訳のような下りがある。

記事によれば、この写真はフリーカメラマンの渡辺克巳がたまたま出くわして、慌てて撮ったものだとなっているのだが、この女性は自主制作映画の監督であり、ストリップ劇場に出演し、そしてロックバンドのじゃがたらのボーカリストの江戸アケミの「セックスフレンド」だったという。記事では江戸アケミも彼女についてコメントしている。

偶然ストリーキングに居合わせたというカメラマンの渡辺克巳は、アンダーグラウンドなロックバンドの撮影もしている。そう考えると、この「事件」を撮影したのは、計画通りだったのではないだろうか。

モノクロの「報道写真」であったにせよ、1ページ大の堂々たる陰毛露出ヌードは話題となり、70万部が即日完売したと言われる。

この件に関しては、警告と始末書提出という処分に終わる。また、その写真を再掲載した『日刊ゲンダイ』（日刊現代）も厳重注意を受けた。

しかし、実はその6年前の1975年にも週刊誌での陰毛掲載が問題になったことがあった。それは女性向け週刊誌の『女性自身』（光文社）で、写真も男性のヌードだった。

1月30日号の「さわれる男たち　着てる脱いでる写真集」という巻末グラビアで、ホスト19人の着衣姿と全裸姿を並べるという企画である。モデルは前を向いており、局部は白い丸で消してあるものの、うち9人は陰毛がはっきりと写っていた。

この時は、男性ヌードの陰毛は猥褻に該当するのかと警視庁が悩んでいるという報道がされている。


女性週刊誌に掲載された男性ヌード写真が、わいせつ物にあたるかどうかで、警視庁が頭をひねっている。写真には男性の恥毛がはっきり写っており、女性ヌードの場合なら、これまでの例から、刑法一七五条の「わいせつ文書」にあたる疑いは十分、とみているものの、では男性の場合は、となると簡単に結論が出ない。雑誌発売から二週間近くたったいまも「検討中」。この種のものは、次号発売までに結論を出すのが普通だったのに、異例の長期間にわたる検討だ。

——朝日新聞　1975年1月30日夕刊

男性のヌードが猥褻にあたるのか、まだ「女性向けアダルト」という発想もなかった時代ならでは悩みだろう。

結局、この後『女性自身』は摘発されるが起訴猶予処分となる。

またこの年にはゲイ向け雑誌『薔薇族』（第二書房）も摘発を受けている。１９７５年は男性のヌードも猥褻であると判断された年だと言ってもいいのかもしれない。

１９８３年1月26日には武智鉄二監督による映画『白日夢』で本番を演じて人気女優となった愛染恭子が、大阪のストリップ劇場十三ミュージックに出演中、公然わいせつ罪の現行犯で逮捕されるという事件が起きる。

『週刊平凡』（平凡出版・現マガジンハウス）１９８３年2月17日号に、その逮捕の状況がレポートされている。


興奮のるつぼと化した客席からは、熱狂したファンが舞台に殺到、あられもない姿でダンサーたちと〝共演〟する男性も出現。それがまた客たちの興奮をあおった。その一瞬である。

「やめろ！　そこまで！」

場内から鋭い声が飛んだが客席の歓声にかき消されそうだ。だが、どうやらそれがただごとでない事態らしいと客が声をのんだのは、客席のあちこちから6つの異様な黒い影が、舞台めがけて駆け上がったときだ。

淀川署の手入れだったのである。客席には１４０人の男たちが詰めかけ、立ち見まで出るほどの超満員。捜査員が客のヒザの上を渡りながら中央の舞台まで進むという逮捕劇だった。

この記事では「この日の舞台でも、自分の秘所を惜しげもなくさらけ出し」と書かれているが、実際はそんなことはなかったらしい。

『週刊サンケイ』（サンケイ出版）１９８３年2月17日号のこの事件を報じる記事のタイトルは「『本番』大スター愛染恭子が『陰毛だけ』で逮捕された舞台裏」だ。


問題の焦点は、恭子ちゃんの〝ヘア〟にある。全裸の出演の時には、下半身がミエミエにならぬようにと、舞台にはドライアイスの煙幕が張られ、アミタイツの時には、その中に黒の前張りをほどこすなど細心の注意を払ってはいた。

「私のショーはストリップとは違います。あくまでも、歌と踊りを主体にした、愛染恭子ショーなんです。だから、ヘアが絶対に見えないような舞台作りを心掛けていたんです」


しかし検挙した淀川警察署の防犯課長はこう証言している。

「愛染ショーの1時間10分のうち、銀の〝宇宙服〟を抜いでノーパンになった時、ドレスの下からアミタイツをのぞかせた時、全裸で踊った時の計三回、陰毛が見えている。この三つが、公然ワイセツ罪に当たっているワケです」

愛染恭子は反論する。

「その前張りは、白と黒のまだらの模様になっているもので、毛のような飾りがついているんです。刑事さんは、それをヘアと見間違えたんです」

淀川署の言い分通りでも陰毛がチラリと見えたのは1分程度だということになるのだが、それでも防犯課長は頑なな姿勢と崩さない。

「たとえ一分間の陰毛だけでも、それが〝公然ワイセツ〟の現行犯である以上、愛染恭子だけを逮捕しないわけにはいかないんでしてね。これは一連の犯罪なんですから。とにかく、警察は逮捕するのが役目。後の罪状云々については、これは裁判の領域でしてね」

この時期、ストリップではもっと過激なパフォーマンスが当たり前になっていたというのに、愛染恭子は陰毛がチラリと見えたか見えないかという容疑で逮捕されてしまったのである。

これは愛染恭子出演を大々的に宣伝していたために目をつけられたようだ。当日は劇場内に6人の私服警官、29人の刑事が場外で待機という状況だったらしく、意地でも逮捕してやろうという姿勢が伝わってくる。

結局、大阪簡易裁判所は求刑通りの罰金5万円を命じたという。

これだけ陰毛に対して厳しい姿勢で挑んでいるかと思いきや、その2年後の1985年には陰毛が映った映画が堂々と公開されることになる。

ジョージ・オーウェルのディストピア小説の名作をマイケル・ラドフォードが監督した『1984』が東京国際映画祭で上映されたのだ。その作中に陰毛が映っているシーンが数ヶ所あり、それが無修正のままで上映された。

『週刊新潮』1985年6月13日号は「『ヘア』が圧勝した東京国際映画祭の『官民』凝視」という記事で、この「事件」を大々的に報じた。

ついにといえばいいのか、やっぱりといえばいいのか、とにかく出た。待望のヘアが――。五月末日から始まった東京国際映画祭。主催者側によれば、この映画祭の特徴は〝市民参加〟にあるとかで、シンポジウムなども行われているようだが、何といっても一般の関心は出品作品のノーカット上映が実現するかどうか、つまり、スクリーン上でヘアが見られるか否かにあった。が、意外にあっさりとそれが実現してしまったのである。スクリーン上に突如浮かんだ黒いデルタを、観客と取り締る側は、どんな気持ちで眺めたのだろうか。

『1984』はSFとはいっても管理社会を描いた陰鬱な映画である。東京国際映画祭で『1984』を上映した渋谷東急の主任は「これも作品としては地味なもので、内容も原作を読んだ人でないと、ちょっと難解なものですからね」と記事中で語っているが、陰毛が上映されるかもしれないとスポーツ紙や夕刊紙が煽ったためか、上映1週間前に入場券は売り切れ、前日当日に入場できるかどうかの問い合わせの電話が何百本もかかってきたという。上映の1時間前から長蛇の列が出来ていた。

そして上映翌日のスポーツ紙では、予想通りの大騒ぎだった。

出たぁ。上映二十分過ぎに、スクリーンには売春婦がベッドに横たわり、するするとスカートを引き上げた。奥に……くっきり……。（中略）そろそろまた……、と思っていたら、二度目のヘアはヒロインの女優スザンナ・ハミルトンだった。森の中で結ばれるシーンで、全裸のハミルトンが見せる褐色のヘア。そして三度目、最後のショットは息をのんだ。破局が迫る中で、ヌードのハミルトンが正面に向き直って四、五秒……。

——報知新聞

実際には観客は、静かに見ていたというが、それでも当時の日本の状況からすれば、大きな一歩だったと言えた。『週刊新潮』の記事でも「とにかく、今まで越えられなかった一線を越えることが出来たのだから、多少はオーバーに喜んでも許されるだろう」と書いている。

この東京国際映画祭では『１９８４』以外にも陰毛が映っており「公安又は風俗を害する」輸入禁制品を定めた関税定率法にひっかかると思われた作品が10本上映されている。

『現代』1985年8月号では、「ヘアの向こうにバラ色が見える」というタイトルで由利徹、高田文夫、内田ミネの陰毛にまつわる座談会を行っている。

高田　先月の東京国際映画祭で、初めてヘアが公然と人の目に触れるというおめでたい事件がありまして、今日はひとつ、その祝賀座談会ということで……。（笑）
内田　十万人が見たんですってね。男の人はなんでそんなに見たいのかねぇ。
高田　そのへんを今日は論じようかと……。

当時のはしゃぎっぷりがよく伝わってくる。

この『1984』公開や、『ブルータス』のヌード特集号を例に挙げ、「期待できるか？　取り締り当局の〝大英断〟ヘア解禁の日」（『週刊宝石』1985年10月18日号）、「『ヘア元年』となるかこの堂々たるヌード写真」（『週刊新潮』1985年9月12日号）といった記事が週刊誌を飾り、1985年は、いよいよ「ヘア解禁」か？　という期待も高まっていた。しかし、それは1971年の時同様に期待は空振りに終わる。陰毛の露出を理由としての警告、摘発は続いた。

それでも、「自然な状態の陰毛」であれば黙認されるというような状況へと少しずつ進んでいたのも事実だ。

そして1991年がやってきた。

第四章

ヘアヌードの誕生

それは「不測の事態」だったのか

1991年1月25日、一冊の写真集が書店の店頭に並んだ。

後に『井狩春男のヘア・ヌード完全カタログ』（飛鳥新社 1994年）を出版するなど、ヘア・ヌード評論の第一人者となる井狩春男は、その出会いの衝撃をこう語っている。

1991年のある日。僕は、TOKYOは神田の三省堂本店の一階の新刊コーナーで、樋口可南子の写真集『water fruit』（朝日出版社）をなに気なく手に取ってビックリした。

全部ビニールがかかってなかったのだ。（後日、騒がれるとパックされた）勝手に中が見れる。修正がまったく無い。ふさふさとした樋口可南子のヘアがむき出しになっている。

お――――――っ！　こんなことがあってイイものか。（中略）とうとうやってきた。日本でも新本屋で堂々と、ベストセラーが並ぶコーナーでヘア・ヌード写真集が売られるようになった、長年の夢がかなった、と思った。

――『広告批評』1994年10月号　マドラ出版

篠山紀信が女優・樋口可南子を撮影した写真集『water fruit accidents1 不測の事態』である。当初は篠山のプライベートな作品として撮影されたというこの写真集は、特に大きな宣伝もなく、ひっそりと発売された。

2泊3日の温泉旅行で撮影された写真は、オールモノクロで、気だるげな表情で大人の女性ならではの色気をたたえる樋口可南子の魅力に溢れている。

樋口可南子は1980年の映画初出演作『戒厳令の夜』で既にヌードを披露し、その後も黒人男性との大胆なカラミを見せた写真集を出しているなど、当時ヌード自体がそれほど話題になる状況ではなかった。

しかし、この『water fruit』では、その股間の黒々とした陰毛がしっかりと写されていたのだ。そのカット数、実に17点。陰毛が大写しになっている下半身のアップや、セックスを思わせる表情のカットもある。

井狩春男は『ヘア・ヌード完全カタログ』で、「風呂からあがり、ユカタを着てふとんへ。ユカタの前がはだけて、最高のヘアがむき出しになる。体のスマートさがたまらない。ヘアの近くのホクロまでがエッチだ」と評し、「濃いい度」「面積が広い度」「毛足が長い度」「立ってる度」「エッチしたくなる度」の全てに最高の5つ星、そして総合評価100点をつけている。

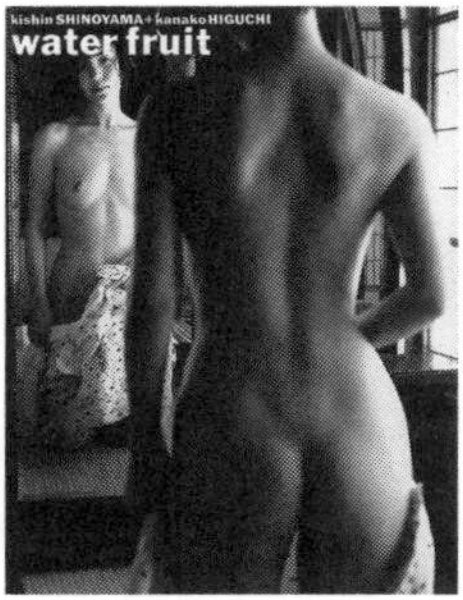

樋口可南子『water fruit』
（朝日出版社）1991年

80年代にもアートの文脈での陰毛露出は、事実上解禁に近い状況だったが、芸能人を撮影した一般向けの写真集として、ここまで陰毛を大々的に露出したものは前代未聞だった。

当然、マスコミもこの「事件」に飛びついた。

こ、こーんな写真を掲載しちゃっていいのかしらん、と考えこんじゃう写真集が1月25日、出版された。写真界の巨匠、篠山紀信氏が撮り下ろした『不測の事態』（朝日出版社）がそれ。女優・樋口可南子を被写体に鋭〜く〝激写〟したものだが、（中略）ページをめくると、まず現れるのは可憐なスカート姿の可南子サン。お花を持ったり、座ったりとの数カットがあって、いきなり、ユカタ姿が登場。でも、ここまでは、よく見かけるポーズだが次ページをめくると、突然オールヌードで椅子にもたれているカットが飛び出てくる。普通なら手で覆う部分も、そのまま「露出」。アンダーヘアーがフワーッと見えちゃっているのだ！　次には浴場での入浴シーン。すらっとした32歳の裸体（164㎝、B82W58H86）が、何も隠さない状態で、カメラにさらされる。

写真集の後半、可南子サンのアンダーヘアーが大写しにされるカットもある。そのデルタ部分は、濃い縮れ毛に覆われ、かすかながら、割れ目ちゃんが見えるようなカットも。1カット、ちょっとした手違いでヘアーを出してしまいました、などという腰抜けヌード写真と一線を画し、堂々と、可南子サンの「陰毛」を大公開しちゃっているのだ。

まさに巨匠と人気女優のガッタイ写真である。

——週刊現代　1991年2月23日号

（前略）一言でいえば「あるべきところにあるべきものがある」写真なのだ。が、だからこそ「これ、大丈夫なのか」と思わず心配になってしまうほどなのである。

それはともかく、初版三万部はすでに売り切れ。三月初旬にならないと、可南子嬢の艶《なま》めかしい春毛を拝むことができない状況だという。

——週刊新潮　1991年2月28日号

制作側としては、陰毛の露出ばかりを強調されることには抵抗があったという。

2019年に当時を振り返った篠山紀信の発言でも、「ヘアヌード」と呼ばれたことに嫌悪感を示している。

（前略）サービス精神の全くない写真だったんですね。モノクロだし、そんなに売れないと思っていた。でも何十万部も売れた。

ただ驚いたのは、週刊誌なんかがヘアが写っていることだけを取り上げて、これは樋口可南子の写真集でも篠山紀信の写真集でもなく、ヘアヌード写真集だっていうんですよね。新しい言葉として、猫もしゃくしもヘアヌード。僕はその言葉は使っていないんです。

お上にたてつくことも、商業的なことも考えていなくて、体に自然にあるんだから自然に表現していいんじゃないかっていう考えだったんです。だから、あの言葉はほんとに嫌いで今も悔しい。

——朝日新聞　2019年4月16日号

被写体である樋口可南子も騒ぎに戸惑いを隠せなかったようだ。

「キワモノみたいに扱われたくなかったので、出版元も、あまり宣伝しなかったんですよ。

私も書評に扱ってもらえる写真集になればいいな、と思っていたんです。それが、こんなふうに、いろいろと騒がれることになって、ちょっと辛いですね。写真集が売れているのは嬉しいんですけど、いろいろといわれますしねえ……。自分としては、あの写真集は一般のエッチっぽいものではなくて、それとは別の芸術的な作品だと思っています」

——週刊現代　1991年2月23日号

発行元の朝日出版社の担当編集者もこの反応は予想外であったと強調する。

（前略）本音を言えばひっそりと売っていこうと思っていたのです。ところが、ヘアで話題になり、そういう見方もあるのかと気づいたくらいなんですよ。

——週刊新潮　1991年2月28日号

アートであれば陰毛の露出も許されるのではないかという認識は篠山紀信にもあったようだ。

当時の日本では、ヘアは見えないように撮っていました。でも、輸入されたモノクロのアート系のヌード写真集だとヘアは問題にされなかった。表現する側としてはこういう自由があった方がいいし、何で日本ではダメなのか。じゃあ、モノクロでアートとして撮る分には構わないだろうって。

——朝日新聞　2019年4月16日号

篠山としては、前年に出版した写真集『TOKYO NUDE』（朝日新聞社）の延長と考えていたのかもしれない。こちらも陰毛が写っている。『井狩春男のヘア・ヌード完全カタログ』によれば陰毛の写っているカットは21ヶ所と多いが、『water fruit』とは違い、「濃いい度」「面積が広い度」「毛足が長い度」「立ってる度」「エッチしたくなる度」の全ては星ひとつという評価となっている。

結果的に『water fruit』は55万部という、当時の写真集としては破格のヒットを記録することとなる。

この「堂々たる」写真集に対して、当局はどう動くのか、世間の注目は集まったが、結果は摘発見送りであった。

ヘアをはっきり写したヌード写真が多く掲載されているが、法務・検察当局の間では「全体としては芸術作品と評価でき、わいせつ文書にはあたらない」との意見が大勢を占め、警視庁にもこの見解を伝えているという。取り締まり当局は、今回の措置が直ちに「ヘア解禁」につながるものではないと強調しているが、今回の当局の「静観の構え」は、ヘアが見えるかどうかが、わいせつ判定の一つの材料にされてきた社会状況が変わり、表現のための「壁」が取り払われつつある現状を確認したといえそうだ。

（中略）法務省、東京地検、警視庁はそれぞれ発売直後に入手。「愛のコリーダ」など過去のわいせつ事件の判例などを参考に、刑法に定める「わいせつ文書」にあたるかを検討した結

『芸術新潮』（新潮社）
1991年5月号

果「ヘアの写った写真だけ見ればわいせつ感が認められなくもない」としつつも、写真集全体でみれば「芸術作品」と評価できる、との見方でほぼ一致したという。
（中略）発売後、警視庁側から摘発の是非について東京地検に打診があったが、同地検は「判例に照らすと、わいせつ文書とはいえないのではないか」との見解をすでに伝えている、

――朝日新聞　1991年4月26日号

という。

ただし、発売から4ヶ月後の6月10日になって、編集責任者を警視庁へ呼んで口頭での警告を行っている。

興味深いのが、この時、『芸術新潮』は1991年5月号の「『私写真』とは何か」という荒木経惟の特集が問題となり、新潮社の編集責任者も一緒に呼ばれているのだが、『water fruit』は警告のみ、『芸術新潮』は始末書の提出とより強い措置がとられた。

その理由として「1．女性モデルが手を後ろで組むなどポーズがやや挑発的」「2．わいせつな小道具が写っている」「3．カラー写真が含まれている」「4．全体のストーリー性が薄い」「5．価格が安く手に入りやすい」の5点を挙げ、「全体としてわいせつの程度が強いと判断した」のだという（朝日新聞　1991年6月11日号より）。

モノクロ写真よりもカラー写真の方が猥褻の度合いが強い、など、この時期の当局の猥褻観が垣

間見えて面白い。

この時、2社に対して「同じような写真を再度発行すれば摘発の対象になり得る」と反省を促したという。

しかし篠山紀信＋朝日出版社のタッグはすぐさま次の矢を放った。8月に発売された『accidents2』は、なんと本木雅弘のヌード写真集『white room』であった。こちらも陰毛が写っており、表紙は本木雅弘が射精した時の表情をとらえたものだと言われるなど話題性は十分だった。先行して発売された『アンアン』（マガジンハウス）5月3日・11日合併号でも、この写真集からのヘア露出カットが掲載された。

『white room』は男性ヌードでありながらも6万部の売り上げを記録した。

そして、本当の「事件」はこの後にやってきた。

1991年10月13日読売新聞朝刊の
『Santa Fe』広告

18歳の少女のヌードが社会を揺るがせた

１９９１年10月13日の朝、日本中に衝撃が走った。これは決して大袈裟な表現ではなかったと思う。

読売新聞の朝刊に『宮沢りえ　篠山紀信　Santa Fe』という写真集の一面広告が掲載されていたのだ。そこに大きく写っていたのは全裸の宮沢りえだったのだ。

朝、何気なく朝刊を開いた人は、一様に目を疑ったのではないだろうか。

この当時の宮沢りえは、正にトップアイドルだった。小学生の頃からモデル活動をはじめ、「三井のリハウス」「ポカリスエット」などのＣＭで注目されて女優、歌手としても活躍。１９９０年には『ＮＨＫ紅白歌合戦』にも出場するなど、その人気は絶頂を迎えていた。アイドルというよりも、時代を象徴する女性といっても過言ではない存在であった。

１９８９年に発売されたカレンダーでは、お尻を丸出しにした「ふんどしルック」を披露し、10代のアイドルがここまで露出するのかと、大きな話題となっていた。それだけでも大騒ぎとなるほどであったのに、いきなりのオールヌードである。

しかも、両手で股間を隠しただけの姿で、乳房は完全に露出している。新聞にそんな写真が大々的に掲載されているというだけで事件なのに、それがトップアイドルのヌードなのだ。

実際、本来はこの日、広告は読売新聞と朝日新聞に同時掲載の予定が、朝日新聞はヌード写真ということで審査に手間取り、翌日の掲載となっている。

この新聞広告が出るまで、一切その情報は流れていなかった。スキャンダル暴露を得意としていた雑誌『噂の真相』（噂の真相）が「特筆に値するのは、例の新聞広告が出るまで、我々の耳には宮沢の〝み〟の字も実際に漏れてこなかったことだ。いったい、この耳ざとい業界の中でここまで完璧な情報秘匿を貫徹した例が過去にあっただろうか」（１９９２年1月号）と驚いたほどである。

それだけに、その衝撃は大きかった。

『週刊ポスト』１９９１年11月1日号では、『Santa Fe』ショックをこんな風に報じている。

まさしく平成の大事件であった。それは〝総選挙〟でも〝雅子さん〟でもなく、ましてや〝赤ヘルの優勝〟でもない。10月13、14日、宮沢りえちゃんが、日本中の老若男女の目を自らのヌードに釘付けにさせたのだ！　人気絶頂のアイドルのヌードがいきなり、しかも大新聞の全面に掲載され、マスコミ、芸能界、広告業界をはじめ、日本中をひざまずかせた。

テレビ、スポーツ新聞、週刊誌、ありとあらゆるメディアが『Santa Fe』を話題にした。出版元の朝日出版社には問い合わせの電話が30万本にも上った。

他誌に先駆けて『Santa Fe』のカラー写真をグラビアで掲載した『週刊文春』11月14日号は、なんと13万部の増刷をかけたという。

『water fruit』『white room』で樋口可南子と本木雅弘の陰毛を露出させた篠山紀信による撮影ということで、『Santa Fe』でも宮沢りえの陰毛が写されているのではないか、否が応でも期待は高まっていた。

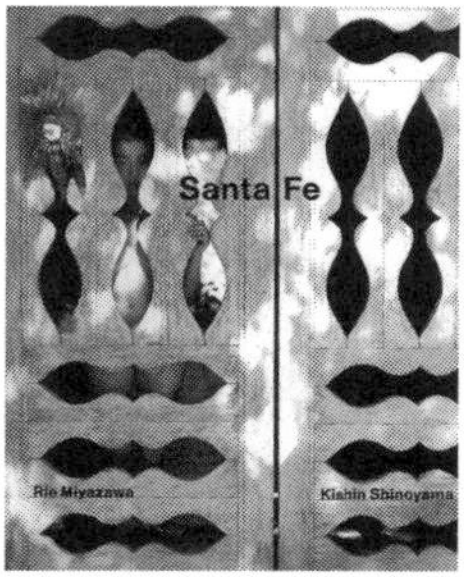

宮沢りえ『Santa Fe』
（朝日出版社）1991年

「宮沢りえのヘア写真もある？」「出版社編集長はあえて否定せず」「ヘアが写っていたら、１００万部ぐらいはいけるかも」と『東京スポーツ』（１９９１年10月15日号）と予測を立てれば、

この当時、文化人スタンスにあったＡＶ女優・黒木香は「い

まや〝ヘア写真家〟と異名をとる篠山先生の手になるものですので、当然、全裸、全毛、あるがままの美を拝むことができるでしょう。新聞広告だけで全国のお茶の間を興奮のルツボに陥れたということは、いわば〝前戯〟。これだけ燃えさせて〝本番〟がいまひとつだったら国民的アイドルの名がすたりますし、それを撮らずにいるようでは男ではない、と私は篠山先生に申し上げたい」（『週刊ポスト』1991年11月1日号）と煽りまくる。

そして11月13日、発売された『Santa Fe』は、当然のように爆発的な売れ行きを記録し、予想を上回る155万部（2003年までの累計は165万部）という驚異的な数字を叩き出す。これはその後も、そしてこれからも破られることのない記録だろう。

期待された「ヘア」は、わずか1枚。それも『water fruit』のように、はっきりとしたアップでもない。

それでも18歳のトップアイドルが陰毛を見せたということは「事件」に他ならなかった。インターネット以前時代に限っていえば、宮沢りえは、最も多くの人に陰毛を見られた女性ということになるのかもしれない。

そして、これだけ話題となった『Santa Fe』に対して警視庁は警告すらしなかった。これを業界は「ヘア解禁」と受け取ったのである。

こうして「ヘア・ヌード」バブルと呼ばれる空前のブームへの扉が開いた。

見逃された確信犯たち

自然に撮ったら陰毛が写ったというだけ、篠山紀信の『water fruit』での陰毛露出に対しての態度は、そう一貫している。

そういう意味では意識的に陰毛を表現しようとした「ヘアヌード写真集」としての第1号は、『遠藤正　迫熱写真集　日時計　SUNDIAL』（竹書房）になるのかもしれない。

『water fruit』は、あくまでもアートの文脈の延長として作られているが、『日時計』はグラビアの文脈の中にある。その後のヘアヌード写真集の流れから見れば、こちらの方が元祖的存在といえる。アートの分野での陰毛露出は80年代から既に先駆者が大勢いたのだから。

『water fruit』発売の8ヶ月後、そして『Santa Fe』発売の約半月前の10月21日に発売された『日時計』は、宝生桜子、イブなど29人のモデルが登場するオムニバス形式の写真集である。帯に「鬼才・遠藤正　25年間の集大成!!」とキャッチコピーが書かれているように、遠藤正がこれまでに撮りためたヌード写真をまとめたものだ（一部撮り下ろし）。

『遠藤正 迫熱写真集
日時計 SUNDIAL』
（竹書房）1991年

実は『日時計』は、過去のヌードグラビアで陰毛が写っているためにボツになった写真がたくさんあるはず、それをまとめて出せばいいという竹書房の出版プロデューサー二見曉の発想から生まれている。篠山紀信とは対局の「確信犯」である。

九一年当時まず考えたことは、はっきり「やられるな」ということ。「やられる」のは当局から「やられる」という意味。「逮捕」もありうるという覚悟をしたわけだよ。しかし実際には注意とか始末書はあったけど「やられ」なかった。「確信犯」というほど計画はしていなくて、なりゆきの部分もあったけど、やってしまおうという決心だけはあったね。

――二見曉『僕は「ヘア」ヌードの仕掛人』洋泉社　1994年

48ヶ所も陰毛が写っていたこの『日時計』は35万部という大ヒットを記録し、二見曉の回想通りに当局の動きも警告のみに留まった。

二見曉と竹書房は、早くも12月に第2弾ともいえる『清水清太郎　ヌード&下着写真集　From午後5時』を発売し、こちらも10万部以上の売り上げを記録する。

そして1992年の夏あたりから、おっかなびっくり朝日出版社と竹書房の成り行きを見ていた他社も、これは摘発はないと判断して、徐々にヘアヌード写真集に手を出し始める。なにしろ3千円以上の高価な本が何万部、何十万部も売れるというのだから、その利益は莫大なものとなる。

半年足らずの間に10冊以上が発売されたが、中でも話題となったのは島田陽子の『Kir Royal』（竹書房）とマドンナの『SEX by MADONNA』（同朋舎出版）だった。

アメリカのテレビドラマ『将軍 SHOGUN』に出演し、国際派女優となった島田陽子だったが、内田裕也との不倫騒動や借金問題などでイメージが失墜していた中でのヘアヌード写真集への挑戦だった。

同じ月に発売された『SURRENDER』（講談社）の荻野目慶子も2年前に不倫相手の映画監督が自宅で自殺するという事件に巻き込まれており、ヘアヌード写真集出演がある種の「禊」の意味合いを持つようなイメージもこの時期に生まれている。

実際には陰毛露出カットは2点しかなかった『SURRENDER』とは違い、島田陽子は『Kir Royal』で16点と大胆に陰毛を見せつけた。

国際女優のヘアヌードという話題性もあり、『Kir Royal』は55万部という大ヒットとなる。

この年、竹書房は、四十八手をテーマにした男女のカラミのヘアヌード写真集『愛のかたち LOVE is LOVE』（撮影：金沢靖）や'91ミス日本の菊地則江『緋色の女』（撮影：谷口征）、AV女優の広瀬由夏『蜃気楼』（撮影：中村隆行）、ロシア女性13人が登場する『オーチン・ハラショー』（撮影：遠藤正）、豪華本『遠藤正写真集　NUDE』など、合計6冊のヘアヌード写真集を発売した。『NUDE』は一冊2万8千円という高価な写真集であったが、それでも1万5千部も売れたという。

それまで4コマ漫画誌を中心に発行していた竹書房はこの時期に年商が2倍という急成長を遂げた。

税関で輸入にストップがかかったことで話題となったのがマドンナの『SEX by MADONNA』だった。アメリカなど6ヶ国で10月21日に発売されたこの写真集は、トップ女性アーチストの過激なヌードということで初日だけで15万部を売りつくすヒットとなった。しかし、これを購入して国内に持ち込もうとしたところ、税関で「わいせつ物」と判断されてしまったというのだ。ヘアだけでなく性器も写っていたのが問題とされたようだ。

これで12月の日本版の発売もストップかと思われたが、6ヶ所を修正して無事に発売にこぎつけた。警視庁からも「厳重注意」を受けるに留まった。

修正に関して、発売元の同朋舎出版は「もし修正しなかったら摘発を受け、読者にマドンナのメッセージを伝えられなかっただろう。（ヘアや性器を）一挙にオープンにするのは無理で読者の要望も踏まえながらステップを踏んでいくことが大事だ」（朝日新聞 1993年3月17日号）と語っている。

『SEX by MADONNA』は37万部以上のヒットとなった。

また『芸術新潮』が1992年8月号で「芸術的な、あまりに芸術的な〝ヘア〟」という挑戦的なタイトルの特集を組んでいた。

「猥褻《わいせつ》物取り締まりの象徴的な存在になってしまった〝ヘア〟だが、ここに紹介するヌードの、なんと美しいことか、その〝ヘア〟のなんと自然なことか！」という宣言から始まるこの特集は、絵画や写真のヌードの歴史を総括したもので、陰毛を露出した写真が延々と続くという「過激」なものだった。中には性器が写っている写真もある。

前年の荒木経惟特集に対する措置へのリベンジとも取れる内容だ。「警察を挑発」などと騒がれたが、これも警視庁から「自粛を要請」という警告に留まった。

この特集の中に、写真評論家の飯沢耕太郎、水戸芸術館美術監督の清水敏男、写真家の五味彬による「猥褻って何だ！」という座談会があるのだが、この中で五味彬は１９９１年年末に写真集『YELLOWS』が発売３日前になって社長判断で発売中止になった事件について語っている。『YELLOWS』は、日本人女性の体型を記録するというコンセプトで全裸の女性が直立不動のポーズで正面と後ろ姿を撮影しカタログのように収めたものだ。正面からの撮影では当然、陰毛も写る。五味彬自身は陰毛を修正してもいいという意思はあったのだが、結局、無修正で制作は進められ、突然に発売中止となった。

座談会で五味彬はこう語っている。

「僕は、この経験で思ったのは、ヘア問題というのは、つまりは出版社と流通機構の問題なんだということなんですね。各社が自粛してしまうという……」

『芸術新潮』の特集の中には、この『YELLOWS』の一部も再録されている。もちろん無修正のままで、だ。『YELLOWS』は１９９３年にCD-ROM写真集として発売され、ヒットする。

『芸術新潮』（新潮社）
1992年8月号

五味彬 CD-ROM写真集
『YELLOWS』1993年

ヘアヌード写真集の洪水

そして1993年になると、出版社と流通機構も「これは自粛しないでもよいだろう」と判断を下した。各社は競うように一斉にヘアヌード写真集の市場へと参入していく。

講談社がヘルムート・ニュートン撮影による『罪 immorale』で石田えりを担ぎ出せば、風雅書房は杉本彩『ENFIN』（撮影：川島文行）、西川峰子『PRIVATE』（撮影：佐藤健）で対抗。グラビアに強いスコラは麻倉未稀『Si』（撮影：大竹省二）、麻生真宮子『FAKE』（撮影：渡辺達生）、葉山レイコ『麗裸』（撮影：西田幸樹）、高倉美貴『South Fairy Tail』（撮影：石黒健治）と繰り出し、KKベストセラーズは荒木経惟に白都真理を撮らせる（『情事』）。

ヘアヌード写真集の本家ともいえる竹書房は山本リンダ『WANDJINA』（撮影：遠藤正）や石原真理子『Marie!』（撮影：小沢忠恭）、桂木文『For you』（撮影：山岸伸）とさすがの貫禄で話題作を叩き出す。

元アイドルも次々と脱いでいった。元少女隊の藍田美豊『DOPE 媚薬』（KKベストセラーズ 撮影：大村克巳）、元セイントフォーの板谷祐三子『Y』（ワニブックス 撮影：井ノ元浩二）、真弓倫子『RE-BIRTH』（スコラ 撮影：平地勲）、小沢なつき『早熟』（ワニマガジン 撮影：沢渡朔）。

中には集英社の坂上香織『FLOWERS』（撮影：大村克巳）のように陰毛にボカシを入れるような腰が引けた写真集もあった。ただ、これに関しては発売前に『フラッシュ』（光文社）などに掲載された同写真集からのグラビアでは、しっかりヘアが写っているところを見ると、直前でタレント側からのクレームが入ったのかもしれない。

ちなみに、この年、もっとも売れたヘアヌード写真集は川島なお美の『WOMAN』（ワニブックス　撮影：渡辺達生）であった。樋口可南子の『water fruit』、島田陽子の『Kir Royal』に並ぶ55万部を記録した。他にも石原真理子『Marie!』が35万部、石田えり『罪 immorale』と杉本彩『ENFIN』が30万部。さらに、小沢なつき『早熟』、山本リンダ『WANDJINA』、麻倉未稀『Si』なども15万部以上となっている。

ヘアヌード写真集であれば10万部以上行くのも当たり前という状況になっていた。

この時期のヘアヌード写真集で特筆しておきたいのは、モデルとなるのが30代以上の女優が多かったということだ。

口火を切った樋口可南子が32歳、以下、松尾嘉代49歳、大竹しのぶ35歳、島田陽子39歳、石田えり32歳、山本リンダ42歳、麻倉未稀32歳、白都真理34歳、西川峰子35歳、高倉美貴33歳、川島なお

石田えり『罪 immorale』
（講談社）1993年

川島なお美『WOMAN』
（ワニブックス）1993年

美が33歳となっている。

伝説的ミニコミ『よい子の歌謡曲』の発行人である宝泉薫は『アイドルが脱いだ理由』（宝島社2001年）の中で「ヘアヌードバブルの正体は『熟女バブル』」と分析している。


当時、経済のバブルは弾けていたが、世のオヤジたちはまだカネも精力も持ち合わせていた。ありていにいえば、バブルが弾けた鬱憤を、かつて憧れたヒロインたちの裸を見ることで慰めていたのかもしれない。

（中略）その一方で、被写体の問題もある。要するに、どこまで「オヤジエロ」を許容し、その欲望を満たすことができるか、ということだ。その能力のあるなしは、年代よりも世代によるだろう。早い話、昔の女優と今のアイドルとでは、大きな隔たりが感じられるのだ。


ヘアヌード写真集を購入していたのは45～55歳の層であり、30代以下は極めて少なかったという。その層にアピールしたのが、この年代の女性タレントだったのだ。

話題になるほどの知名度があり、脱いでも仕事に影響が出るようなイメージダウンにならないという条件を満たすのも、この「熟女」たちだったということもあるだろう。

実際には、それほど有名ではない若いタレントのヘアヌード写真集も数多く作られていたのだが、それほど話題にはならず、あまり売れなかった。10万部以上という売れ行きを支えるのは、やはり話題性なのだ。

そして、この熟女ヘアヌードが、00年代以降のAVを席巻する熟女ブームの下地になったのではないだろうか。

それまでの日本には脱いでくれるなら、若い方がいいという風潮があったが、30代以上の女性のヌードも商売になる、という認識がこの時になされたのだ。

90年代初頭にもAVでは熟女物が人気を集め始めていた。しかしこの頃の熟女物は、どちらかというとキワモノ的な作られ方をしていた。『ババァ〜！　こんな私でもAV出れますか？』『おふくろさんよ！』『どすけべ奥さん』といったタイトルから、そのニュアンスは感じられるだろう。

これが00年代に入ると、「成熟した大人のセクシーな女」というイメージの「美熟女」モノがメインになっていく。

このイメージこそが、1993年頃のヘアヌード写真集で培われたものだったのだ。

もうひとつヘアヌード写真集ブームが変えたものとしては、カメラマン、写真家の存在を大きなものとしたことがある。

ヘアヌード写真集ブーム以前は、女性タレントやアイドルの写真集では撮影者の名前を大きくクレジットすることはほとんどなかった。篠山紀信のような一部の例外を除くと、表紙にはモデルの名前の何分の一かの大きさで表記されるのが当たり前で、中にはクレジットすらされないこともあった。そもそも女性を中心に撮るカメラマンは「婦人科」などと呼ばれて下に見られる傾向もあったほどだ。

しかし、ヘアヌード写真集では撮影者の名前がモデルと同じサイズで表記されることが多かった。

これはそもそもヘアヌードがアートの文脈から生まれていることに由来しているだろう。アート写真の世界では、あくまでも主役は写真家である。写真家の作品として写真集は作られる。

そうした意識で作られているため『water fruit』もクレジットは「篠山紀信＋樋口可南子」となっている。

またグラビアの文脈で作られているが『日時計』も遠藤正の作品集という形になっているため、当然彼の名前が中心となっている。

以降のヘアヌード写真集が撮影者の名前を前面に出すようになったのは、これが「徒に性欲を興奮又は刺戟せしめるためのヌード写真」ではなく、「作品」だと言い張る建前のためもあっただろう。

こうしてヘアヌード写真集ブームは、「ヌードカメラマン」の存在をクローズアップさせることとなり、彼らをスターにしていった。

そんな中で、ひときわ存在感を増していったのが、加納典明であった。

最初に踏み出した『宝島』

一般誌で初めて堂々と「ヘアヌード」を掲載したのは、意外なことに『宝島』（ＪＩＣＣ出版局・現宝島社）だった。１９９２年11月９日号（10月24日発売）。

『宝島』は１９７３年に『ワンダーランド』の誌名で創刊された雑誌で、植草甚一の責任編集、発売は晶文社だった。権利問題から、3号から誌名は『宝島』に変更。6号で一時休刊するが、その後、発行元をＪＩＣＣ出版局に移して復刊。カウンターカルチャー／サブカルチャー誌の代表的雑誌となった。

80年代に入ると盛り上がり始めた日本のロックやニューウェーブカルチャーを中心とした誌面へと変化する。この路線変更は大成功で、それまで数千部程度に過ぎなかった発行部数は10万部を超えるほどに跳ね上がった。１９９０年にはそれまでの月刊から月2回の発行へと踏み切る。

この時期の『宝島』は正に「若者文化」の顔とも言える存在だった。そんな雑誌がいきなりヘアヌードを掲載したのだ。

アートの文脈での陰毛掲載は、既に『週刊ＳＰＡ！』が１９９１年4月3日号で「アートとポルノに境界線はあるのか？」特集で足を踏み出していた。

書店にいけば、樋口可南子〈ヘア丸見え〉写真集が堂々と買えるのに、ポルノ・ショップ

『宝島』（JICC出版局・現宝島社）
1992年11月9日号

一般誌初となる『宝島』
1992年11月9日号のヘアヌード

に置いてある「スキン写真」は、どれを見てもスミだらけ。「芸術」ならば、おとがめなしの無修正なのに「ポルノ」となれば、まだヘアは御法度。ヘアに拘る〝芸術恐怖症〟のお上に代わって、ＳＰＡ！がヘアをキーワードにアートとポルノの境界線に迫ってみた。

この時期の「陰毛解禁」状況の矛盾点にいち早く迫った画期的な企画である。この特集では「アート」パートではカタログ的に多くのヌード写真集を紹介。小さなサイズではあるが、はっきりと陰毛が写った写真を多数掲載している。

一方「ポルノ」パートでは、16誌のエロ本の表紙を掲載。もちろんこちらでは陰毛の露出はない。そしてエロ本出版社の編集者（匿名）の発言を紹介している。

「そりゃ、ヘア丸だしで出版できればいいですよ。でも、弱小の出版社がやったら、警察からここぞとばかりに狙い打ちをされるんですよ」（ＳＭ系の写真集を出版しているＴ氏）

そして老舗Ｄ出版社のＹ氏はその状況におけるアイディアを披露する。

「〝芸術〟にお上は弱いんですよ。1つの戦略ですが、エロ本とは別の会社を設立したうえで、美術書や芸術署など堅い本を出版するんです。まず、お上に対して芸術を扱う出版社だと印象づける。そして大股開きの『芸術』写真集を出す。かなり手間はかかりますがね」

エロ出版社のしたたかさも伝わってくる発言だ。

しかしこの特集で「ポルノ」パートでは極めて大人しい表紙しか画像を掲載していないというのが、この時期の「陰毛解禁」状況を如実に表してもいた。

「芸術」以外の陰毛は危険なのだ。

そんな状況下において、若者向けサブカルチャー雑誌だと思われていた『宝島』がヘアヌードグラビアを掲載したのである。

と言っても、ヘアヌードグラビアであることを堂々とうたっているわけではなく、「恋とSEX男と女は理解し合えるか!?」という特集のイメージカットとしての掲載だった。

セックスにおける男女の意識の違いをテーマとした対談や座談会、アンケートなどが中心の特集なのだが、その合間を埋めるようにAV女優・秋本詩織のカラーヌード写真が12枚掲載され、そのうち5枚に、はっきりと陰毛が写っている。さらに一枚はページ一枚をまるまる使ったもので、ある意味でこれが一般誌に掲載された最初のヘアヌードグラビアだといえるだろう。

『宝島』が2000年に週刊化される際に『日刊ゲンダイ』で連載された前田知巳による「雑誌『宝島』週刊化への激動航海記　いちばちモン」には、ヘアヌード掲載への経緯が詳しく記されている。

それまでの『宝島』の人気を支えていたバンドブームが終焉を迎え、今後の方向性を模索したなかで選んだのが、ヘアヌード掲載だった。「これからは不特定多数の読者を見据え、確固たるマーケティング戦略に基づいた大衆路線への転換を図るべき」という考えが出版社側にはあった。前例がないだけに、逮捕も覚悟していたという。

当然、この号は話題となり、朝日新聞やNHKでも報道された。それまでの読者からの反発は大きかったが、それでも編集部はこの路線に確信を持った。

「その頃、たまたまテリーさんに、宝島は『ヤングアサ芸（アサヒ芸能）』にすべきだ、って言われて、目からウロコだったんですよね」と語るのは、現・宝島社取締役の関川誠である。テリー伊藤本人も、当時を振り返って次のように語っている。

「たぶんその頃はね、もはや『先端情報を手にしたヤツがカッコイイ』って基準が、ズレてきてた時代ですよ。そういうええカッコしいの方がカッコ悪い、みたいなね。それよりも『見たいもん見て何が悪い！』って本能に正直な方が、よっぽどピンと来てた。まさに『アサヒ芸能』のノリだよね」。

——日刊ゲンダイ　２０００年2月18日号

こうして『宝島』は、ヘアヌードだけではなくテレクラ、ブルセラ、イメクラといった性風俗情報をメインとした雑誌へと変貌していく。当然かつての読者は離れていったが、結果的に『宝島』は40万部以上の人気雑誌となったのだった。

ヘアは売れる。身も蓋もない現実ではあったが、それを指をくわえて黙ってみている出版業界ではなかった。

とはいえ、『宝島』の切り開いた新しい市場に勇ましくなだれこんでいったわけでもなかったのだ。

『週刊ポスト』１９９２年12月25日号では「芸術ヌード大全」という特集が組まれる。『週刊ＳＰＡ！』の「アートとポルノに境界線はあるのか？」特集と同じく、アートとしてのヌードを扱った写真集を紹介する特集で荒木経惟の『天使祭』やベッティナ・ランスの『CHAMBER CLOSE』など35冊を掲載。モノクロページで、陰毛が写っている写真が数枚あるものの、サイズが小さく、ほとんど確認することはできない。

1993年1月22日号では「芸術としてのヌード」第2弾としてアメリカの写真家、グレッグ・ゴーマンのヌード写真を掲載するが、陰毛は写っているものの、こちらもモノクロ。

これは80年代まではアートの世界では、カラー写真は評価されていなかったという背景もあるだろう。90年代に至るまでモノクロ写真のみがアートだったのだ。

ここで『芸術新潮』は1991年5月号の荒木経惟特集が警告を受けた時の理由のひとつに「カラー写真が含まれている」があったことを思い出して欲しい。

モノクロであれば「芸術」としての言い訳が立つ。だから、陰毛が写っていてもモノクロならば「アート」である、そんな風潮があったのだ。「ヘア解禁」初期においては、陰毛を露出させるためにモノクロを隠れ蓑にさせるといった手段があったわけだ。

そのためか『週刊ポスト』1月29日号の「芸術としてのヌード」第3弾のJ・テネソン作品はカラーのため、陰毛の露出はなかった。

「ヘア詐欺」でも雑誌が売れた時代

ところで「ヘアヌード」という言葉がいつから使われるようになったのか。現在、定説とされているのが、『週刊現代』の編集長だった元木昌彦が同誌の1993年1月1日・7日合併号で使ったのが最初だというものだ。松尾嘉代のヘアヌード写真集『SENSUAL』(リイド社)を報じたコラムの見出し「ダイアモンド形に剃って! 松尾嘉代49歳のヘアヌード」がそれだ。それまでは「ヘア写真」「ヘアー本」などの言い方をされていたのだが、1993年以降は「ヘアヌード」に統一されていく。

元木昌彦が講談社勤務時代を振り返った「平成挽歌―いち編集者の懺悔録」(「Net IB News」連載)には、「ヘアヌード」という言葉を思いつく過程が記されている。

(前略)フライデー時代は、例えば、「小柳ルミ子のヘアー付きヌード」などというタイトルを苦し紛れに付けていた。

当時は、ヘアではなくヘアーと伸ばすのが普通だった。「ヘアー付き」というのがうるさい。そう思っていたのだが、他にいい言葉が見つからなかった。

毎週悩みながらも同じようなタイトルを付けていた。ある時、一仕事終えた深夜、原稿用紙を眺めながら、ヘアー付きヌードの間に中点「・」を付けてみた。

「ヘアー・ヌード」、なんとなく収まりがいい。そういえば、最近は「ヘアスタイル」という表記も多くなってきている。「ヘア・ヌード」はどうだろう。口に出してみた。語呂はいい。

(中略)しばらくノートに書き留めておいて『熟成』するまで置いておいた。3、4週間後にもう一度検討して、「これでいける」と決めた。

――「Net IB News」2019年7月30日

一般的には「ヘアヌード」表記が普通だが、『週刊現代』では、以降も「ヘア・ヌード」という表記を貫いていた。

ただし、実は最初に使ったという松尾嘉代の記事では「・」無しの「ヘアヌード」表記なのだが……。

「ヘアヌード」命名を自負する『週刊現代』だが、実際にはヘアヌード掲載には意外に及び腰だったのが皮肉ではある。ヘアヌードという言葉を発明した1993年の段階でも、4月17日号の「辺見マリ『熟女&ヘア・ヌード』の衝撃」のように写真集の記事は扱っていても、グラビアには掲載していないし、5月1日号の「新ヘア・ヌードの女王　杉本彩　衝撃の裸身」のような13ページに渡るグラビアでも、陰毛が写っている写真は一枚も掲載されていない。

ライバルである『週刊ポスト』の方も、2月12日号で「大竹しのぶ　全裸ヘア写真」と銘打ちながらも、掲載されている写真には陰毛は全く写っていない。

3月5日号では、「公開！アイドル衝撃の『全裸ヘア写真』」とうたって元少女隊の藍田美豊の『DOPE　媚薬』発売に関する記事を掲載しながらも「残念ながら諸般の事情（？）により、誌面ではお見せすることはできないが」とお茶を濁す。モノクログラビアでは、股間は無毛のように修正されていた。

3月19日号の「公開！　これが噂の石田えり『全裸ヘア』」に至って、ようやく股間を隠した手の指の隙間からチラリと陰毛が覗く写真を掲載。しかし、こちらもモノクロ。4月9日号の「現役女子大生が公開した『全裸ヘア写真』」もモノクロ写真で影かどうか判断が難しい陰りが微かに見える程度。

4月23日号の「新藤恵美　衝撃のヘア写真カラー公開」は確かにカラーグラビアだが、肝心の陰毛は、ソフトフォーカスで遠くの方にぼんやりと黒い三角形が小さく見えるにとどまっている。ようするに詐欺といってもよいレベルなのだ。毎号のように「ヘア」「ヘア」と表紙で煽りながら、「今度、誰々のヘアヌード写真集が出ることになった」という記事だけで、実際にはその写真は見せないというわけだ。

6月4日号では、蛇とのカラミが話題になった辺見マリの『INFINITO』と5人の若いモデルが共演した『セブ物語』（どちらも竹書房）からのカットを紹介しているが、すべて股間は無毛のように修正が施されている。

『週刊ポスト』が、カラーグラビアではっきりと陰毛を見せ始めたのは、翌年の1994年の5月頃からである。

ヘアヌード命名者たる『週刊現代』は、それよりも遅く、ボカシをかけての掲載も1993年10月9日号の「当代第一線写真家6人が自選　マイ・ベスト『ヘア・ヌード』」という特集あたりからだ。はっきりと見せるのは1994年の終わりくらいと、『ポスト』から半年遅れている。

しかし、両誌とも1993年から、毎号のように表紙には「ヘア」「ヘア・ヌード」の文字が躍っている。

再び「平成挽歌―いち雑誌編集者の懺悔録」から、当時の事情を引用してみよう。

写真集は売れたといっても30万部（それでもすごい数字だが）ぐらいだが、週刊誌は多いもので当時、70万部は出ていた。

当然、取り締まる桜田門の見る目も厳しい。始末書どころではなく、全冊回収か最悪、発売禁止となるかもしれない。それほどの危険を冒してまでやる気はなかった。

だが、売れ筋の写真集の宣伝を兼ねて、何点か写真を借りてきてグラビアページに掲載する場合、何とか読者に、ヘアが載っているかもしれないという「幻想」や「期待感」を抱かせたいという編集者の思いがある。

――「Net IB News」２０１９年7月30日

講談社、小学館という超大手出版社だからこそ、安易に冒険は出来なかったということか。もしかしたら陰毛が写っているかもしれない、という「幻想」で読者に買わせる。これは「エロ」の本質でもある。今でも週刊誌や実話誌は「無修正」という言葉が入ったタイトルの記事や企画グラビアをよくやっている。もちろん普通に売っている雑誌に「無修正」が掲載されているはずはない。

それでも表紙にこの言葉を入れると売り上げは確実に上がるのだという。

これを編集者が読者を騙している、読者はバカだから騙されている、といってしまうと、それは「エロ」自体を否定することになってしまう。エロとは幻想であり、この時期においては、陰毛は幻想だったのだ。

そして実際に、読者は「幻想」に飛びついたのだ。

1992年下半期に約65万部だった『週刊ポスト』は1993年上半期には約71万部、さらに下半期には81万部を超えた（ABC調査）。『週刊現代』も同じように順調に部数を伸ばした。

1991年下半期に『週刊ポスト』は20年以上守っていた週刊誌トップの座を『週刊文春』に明け渡していたのだが、それを見事に奪還した。この時期、『週刊文春』はヘアヌードには、ほとんど手を出していなかったのだ。

『ポスト』『現代』の躍進は、明らかにヘアヌードの効果だった。しかし実際には、この時期はまだ陰毛をちゃんと露出したグラビアを掲載していなかった。

それでも読者は「幻想」を求めて、この2誌を買い求めたのだった。

その一方で、雑誌のジャンルでも頭角を表してきたのが竹書房だった。

まず1992年6月に『BIG4』という雑誌が創刊される。

野村誠一、清水清太郎、渡辺達生、小沢忠恭の4人のカメラマンがそれぞれ20ページずつ女性を撮影するというコンセプトのオールカラーのグラビア誌だ。雑誌といっても、ほとんどのページは全面写真で構成され、テキストは最小限に抑えられている。隔月刊ということもあり、雑誌というよりもムックだ（実際、バンブームックの一冊として発行されている）。

創刊号では、まだ様子見ということなのか、陰毛はチラリと写っている程度だったが、2号にはかなりはっきりと写ったカットが出てくるなど、徐々に大胆になっていった。

さらに同コンセプトの『エンドレス』や『X10』といった雑誌も創刊。いずれも好調な売り上げを見せた。

そして、その延長上で1993年2月に創刊されたのが、加納典明一人が全ページを撮り下ろすという前代未聞の写真月刊誌『ザ・テンメイ』だった。

まだアート色の強い『BIG4』とは違って、『ザ・テンメイ』は大股開きや股間のどアップの連発、モデルの表情もセックスを連想させる生々しいものばかり。いってみれば「実用度」の高い雑誌だった。

表紙には「オスの視線の、何がわるい。」とキャッチコピーが躍っている。、そして加納典明による巻頭言も挑発的だ。


（前略）いかにも芸術でございます、といった泰西名画風の写真もいいかもしれない。マシュマロのような、きれいな、ヌードもいいだろう。かったるいんだよ。（中略）アートよりも、一週間たったらドブに捨てられる運命の雑誌のグラビアのほうが、生きかたとしてオレはアーティスティックだと信じている。（中略）。オレは劣情そのものを撮る。時代とケンカして、ドブに捨てられる運命の100万部雑誌をめざす。

『ザ・テンメイ』（竹書房）
1993年4月号

芸術であれば陰毛も許される、という状況に真っ向から喧嘩を売るような姿勢でスタートした『ザ・テンメイ』は、それでも創刊号では陰毛の露出も控えめだったが、モデルを女優やタレントからAV女優メインに変えた4号目あたりから過激さを増していく。

下半身のみのアップがやたらと多く、下着や水着が股間に激しく食い込んで、かなり際どいところまで見えてしまっているような大股開きの連発。それはもはや「陰毛露出にはアートという言い訳が必要」という建前をかなぐり捨てたかのようだった。

そんな『ザ・テンメイ』の姿勢は確実に支持された。最盛期の発行部数は、なんと70万部にも達したという。

やはり一般の読者が求めていたのはアートではなく、陰毛であり、エロだったのだ。

こんな雑誌がコンビニエンスストアで普通に販売されていたのだ。この事実を持って、「ヘア解禁」と言うのが正しいようにも思える。

その「エロ」の専門誌であるエロ本は、どうだったのだろうか。

当時のエロ本の代名詞ともいえる存在であった『ベッピン』（英知出版）の1993年5月号では「ヘアー前線異常あり!?」という特集が組まれている。ここ数年の「ヘア実質解禁」の状況をルポした8ページに渡る特集で、陰毛を露出した映画や雑誌、写真集などについて、かなり詳しく紹介・分析をしたものだ。

しかし、その『ベッピン』では陰毛を露出したヌードグラビアは掲載されていない。薄い下着越しにうっすらと見えたり、影か陰毛か判断がつかない、くらいのカットはあるものの、ヘアヌードといえるような写真は無いのだ。そして特集「ヘアー前線異常あり!?」の中でも、ヘアヌードについて語っていながらも、陰毛が見える写真は掲載されていない。

１９９１年の『ＳＰＡ！』の特集でも語られていたが、この段階でもエロ本業界はまだヘアヌードに手を出すことは控えていたのだ。

そのため、コンビニエンスストアで誰でも購入できる『宝島』や『ザ・テンメイ』では、堂々と陰毛が掲載されているのに、成人向けに作られているエロ本では陰毛を見ることができないというねじれ現象が起きていた。

裸婦絵画の時代では、陰毛を描かないことが「アート」だったのが、この時期の日本では「ポルノ」では陰毛を見せず、「アート」では陰毛を見せるというように、状況が逆転していたのである。

熱望された「動くヘア」

アダルトビデオ（以下ＡＶ）が陰毛表現を解禁したのは、２００６年。写真集『water fruit』が発売された１９９１年から、なんと15年後である。１９９４年頃から雑誌では普通に陰毛が写っている写真が掲載されるようになってからも、ＡＶは頑なに陰毛を拒んでいた。

いや、90年代後半には、もう陰毛が映っているＡＶを見たことがあるぞ、と思い出す人もいるかもしれない。それはそれで正解なのだ。

ここでいう「ＡＶ」とは、ビデ倫（日本ビデオ倫理協会）の審査を受けた成人向けビデオソフトのことを差している。80年代半ばから90年代いっぱいまで、ＡＶといえばレンタルショップで借りるものだった。そして、レンタルショップの流通に乗せるにはビデ倫の審査が必須だったのだ。しかし、SMやフェチなどのマニアックな作品は80年代から通信販売やショップ限定販売など、レンタルショップとは別の販路で流通されていた。

こうした作品はビデ倫の審査を受けておらず、自主規制によって作られていた。80年代のアダルト業界で名物男優、監督、編集者として知られていた中野D児が1985年から自主制作していた『D TIME-45』シリーズなどは修正が極めて薄く、陰毛はもちろん性器まで見えてしまっている。広告も中野D児が編集していた自販機本に掲載していただけなど、販路も限られた少部数の販売だったため、警察の目からも逃れられたというところだろう。それでも一本1万5千円のビデオに何百本もの注文が殺到したという。

90年代に入ると、マニアックなビデオを販売するショップが出来たり、女子校生の下着などを販売するブルセラショップが店のオリジナルのビデオを制作して販売したりと、こうした「非ビデ倫AV」が注目を集めるようになる。当初は「通販ビデオ」「マニアビデオ」などと呼ばれていたが、次第に「インディーズビデオ」という名称が定着する。音楽業界などでインディーズブームがあったため、その流れでこう呼ばれるようになったのだろう。

1990年8月にザイクスプロモーションというメーカーが『女の秘湯』というシリーズビデオを制作する。タイトルからも想像できるように、女性モデルが温泉に入っている姿を撮影した「温泉ビデオ」である。

その第1作はAV女優の須磨れい子をはじめとする6人のモデルが次々と温泉に入るというだ

けのものだが、チラリチラリと股間の黒い陰りが映る。陰毛を強調するようなポーズや下半身のアップなどもなく、まさに「自然に」見えている状態だ。これで股間にモザイクをかけたりすれば、余計に猥褻な印象を与えるだろう。

しかし『water fruit』の発売より前の時期である。こんなチラリと見えるだけの「動く陰毛」でも当時は大きな衝撃だったのだろう。通販や一部のショップでの販売のみでかなりのセールスを記録したという。

ザイクスプロモーションは以降もこうした「ヘアビデオ」を制作。次第に陰毛の露出度を高めていき、１９９３年の『湯女』シリーズになると、かなりはっきりと陰毛を見せたり、オナニーをイメージさせるシーンなども取り入れている。

１９９４年４月には、映倫とビデ倫がオリジナルビデオやＣＤ-ＲＯＭなど「全ての映像を審査」する新しい自主規制団体として映像倫理協議会（略称は同じ映像倫だが、２０１０年発足の現在の映像倫理機構とは別組織）が発足。ＡＶ以外のセクシー系作品はここで15歳未満禁止のＲ指定を受けるということになった。依然として陰毛は禁止であるビデ倫とは異なり、「ことさらヘアを強調していないことを条件に認める」という映倫に近い基準を打ち出した。その映像倫の審査を受けた「ヘアビデオ」最初の作品として『スペシャル・フォト・テクニック』が６月に明文社から発売となる。これは前

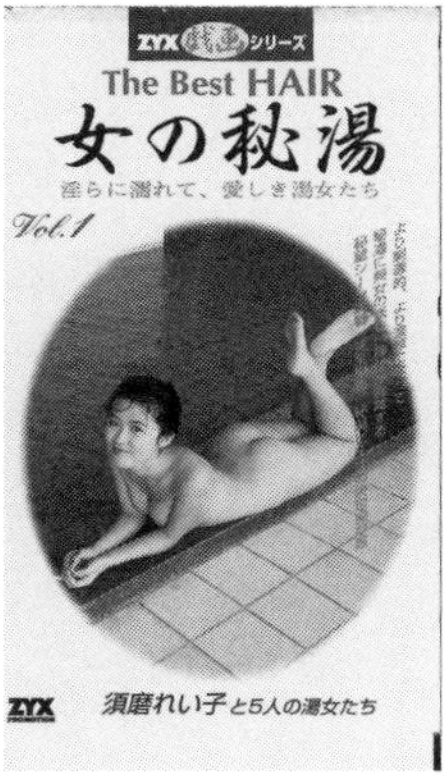

『女の秘湯』
（ザイクスプロモーション）
1990年

年に発売された横須賀昌美の香港ロケの写真集『アゲイン』のメイキングビデオで、肝心の陰毛は撮影された写真のカットのみという肩透かしのものであった。

ところが8月にケイネットワークから発売された『Mary jane／河合メリージェーン』は陰毛が映っているどころか、陰毛の生えた恥丘が画面いっぱいにクローズアップされるなど、過激な作品だった。

監督は豊田薫。その独特な作風で80年代後半にAV業界に旋風を巻き起こした監督である。特に芳友舎（現h.m.p）専属監督時代には、クスコを使った膣内撮影や、ワンフレームだけ無修正画像をインサートするなど、挑戦的な試みを繰り返していた。

その豊田薫に当時の話を聞いた。

「基本的に自分が見たい映像をユーザーにも見せたいという気持ちがあったんだ。現場でおれがモニターで見ている映像を、そのまま作品にしたかった。モザイクをかけられることによって、それが自分の見たい映像じゃなくなってしまう。それがイヤでしょうがなかったんだ」

豊田自身、陰毛には執着もあった。

「たぶん陰毛フェチなんですよ（笑）。毛ってすごい表現力があるでしょう？　人間の顔で言うと眉毛はなくなると、のっぺりして表情が読み取れなくなる。あれと同じ。毛って猥褻ですよ。白い肌にそこだけ黒く生えてるのが動物的で情欲をかきたてる。だからパイパンはつまらないね。前にロシアで向こうの子を撮影したことがあるんだけど、みんな剃っててパイパンなんだよ。がっかりしたな。なんでロシアまで来てパイパン撮らなくちゃいけないんだって（笑）」

女性器への偏執的なこだわりも、豊田薫の作風だが、本人は「まんこよりも毛の方が猥褻だと思う時がある」「若い頃から、いい女を見ると、どんな陰毛が生えてるんだろうって想像した」と陰毛への執着を語る。

そんな豊田が「ヘアビデオ」を撮りたいと考えるのは極めて自然なことだった。

「写真の世界ではヘアがＯＫになってるのに、なんでビデオはダメなんだろうって。ビデ倫ではＮＧくらうから、通さないでやればいいって考えたんです。それで自分で企画を立ててメーカーに持っていった」

豊田が白羽の矢を立てたのがＶ＆Ｒプランニングというメーカーだった。

Ｖ＆Ｒプランニングは「鬼のドキュメンタリスト」の異名をとる監督、安達かおる率いるＡＶメーカーで、レイプやバイオレンス、社会問題などＡＶの表現の限界に挑戦するような作風で孤高の地位を築いていた。

「反骨精神のある安達さんなら、のってくれるんじゃないかな、と思って話を持っていったんだ。だけど最初は渋ってたんだよね。何度話しても、及び腰でなかなかいい返事がもらえなかったんだ」

ヘアビデオ『Mary Jane／河合メリージェーン』（ケイネットワーク）1994年

Ｖ＆Ｒプランニングは、そのスタイルから度々ビデ倫と衝突を起こしていたため、この時期は別会社を通して審査を受けなければならない状態となっていた。ビデ倫をあまり刺激したくないという気持ちがあったのだろう。

兄弟会社のケイネットワークからの販売にするということで、なんとか制作にゴーが出た。主演の河合メリージェーンは、スペインと日本のハーフでV&Rプランニングの『新・熟れたボイン』でデビューし、『Mary jane』が2作目だった。彼女のデビュー作も豊田薫が監督している。

豊田薫ならではの耽美的なイメージシーンが全編に渡って繰り広げられる『Mary jane』は、豊田自身にとっても手応えのある出来となった。

「編集して社内で試写会やったら、見終わっても安達さん、何も言わないんだよ。しばらくしてから連絡があって、何ヶ所か直して欲しいって言われて、安達さんと一緒に編集することになった。（性器が）見えそうなところとか、スローシャッターでわざとブレさせるって手法をつかったんだけど、安達さんは『見えててもおかしくないカットは全部切って下さい』って言うんだよ。実際は見えてないのに。もう何フレームを切るみたいな話になってね。何十ヶ所もカットしてるんだけど、見た時の時間にすると何秒ってくらいなんだよ（笑）。とにかくすごくナーバスになってるんだなって思った。そう言えば、パッケージのクレジットもケイネットワークは販売だけで、企画・制作はオフィスバーディになってるの。オフィスバーディってておれの事務所なんだよ。それで表記する住所もおれの事務所を使われちゃってね。まるで全責任はおれが持つみたいな格好にされてさ。しかも事前に広告とか全然打ってくれないから、売れるのか心配になったんだよね」

それほどV&Rプランニング側は「ヘアビデオ」を出すということに、慎重になっていたということだ。

事前の告知はほとんどなされていなかったにもかかわらず、『Mary jane』は4万本の大ヒットとなった。

「よし、これだって思ったね。もともとAVでもイメージシーンを撮るのが好きだったから、ヘアをテーマに全編イメージシーンでいけるのは嬉しかった。これからどんどんヘアビデオを撮っていこうと思ったんだけど、安達さんに第2弾やりましょうって話しても、全然取り合ってくれないんだ。大儲けだったし、警察からなんかあったわけじゃないから断る理由もないのにね。たぶんビデ倫から圧力があったんだろうけど」

V&Rプランニングに見切りをつけた豊田薫は、ヘアビデオを撮らせてくれる他のメーカーを探すことになる。

1995年7月にサイテックというメーカーでヘアビデオ第2弾となる『ヘア・クラッシュ』を発売するも、これはあまり話題にならなかった。

そして出会ったのが、セルビデオチェーン「ビデオ安売王」を展開していた日本ビデオ販売だった。

「ビデオ安売王」は1993年から派手な宣伝と共にフランチャイズを展開し、わずかな期間で一気に成長を遂げた。最盛期には店舗数は千店を超えたという。

レンタルが一般的だったビデオソフトの世界に「ビデオは買うもの」という概念を持ち込んだのだ。

「ビデオ安売王」は店舗で販売するためのセルビデオのコンテンツを求めていた。そこではビデ倫の審査は不要だった。陰毛を映した作品も、販売することが出来る。

豊田薫は日本ビデオ販売を率いる佐藤太治に直接アポを取り、売り込んだ。

両者の思惑は合致し、豊田薫は日本ビデオ販売で「ビデオ安売王」で販売するための作品を撮ることになる。

「ビデオ安売王」でのヘアビデオとしての第1弾となったのが朝尾いづみ主演の『恋するヘアー』（エデン）だった。朝尾いづみは前作『ヘア・クラッシュ』にも出演していたAV女優だが、本作にはなんと彼女の本当の彼氏が共演している。

「前と同じことをやってもつまらないからね。今度は男女を出してみようと思ったんだ。セックスはしていないけど抱き合ったり、女の子のヘアを男が舐めたりとかやってみた。喜ぶ人はいないかもしれないけど、男のヘアも映してみた（笑）」

1995年になると、他社からも多くのヘアビデオが発売されていた。映像倫を通したものでは、松田聖子のそっくりさんとして話題になっていた神田聖子の『SEIKO』（リーガル出版）や『ミラージュヌード幻夜行』（アダムズ）、『ヘアヌードの天使たち　桜木萌』（クィーン）といった作品が出ているが、いずれも「ことさらヘアを強調していない」という映像倫の基準に沿ったもので、ヘアビデオと呼ぶには満足の行くものとはいえず、あえて「ことさらヘアを強調」した豊田の作品には及ぶまでもなかった。

また「ビデオ安売王」でも、豊田の作品以外に風俗嬢アイドルの可愛手翔主演のドラマ『飛び出せ！全裸学園』（監督：河崎実　東京計画）やオール沖縄ロケの『アイドルお嬢様』シリーズ（メリットコーポレーション）などのヘアビデオも発売されていた。

変わったところでは15歳から17歳といったティーンエイジの白人少女の『チャイ夢』シリーズ（かとれあ企画）というロリータヘアビデオも、ひっそり販売されていたようだ。80年代には、陰毛がないということが売りだったロリータビデオが、今度は陰毛が映っていることを打ち出しているというのは面白い。

この年、インディーズメーカーが次々とヘアビデオに手を出し始めていたのだ。１９９５年に発売されたヘアビデオの総数は１２０本以上に及んだ。

『恋するヘアー』で、男女共演を果たした豊田薫が次に挑んだのは、いよいよ陰毛を露出させた「ＡＶ」だった。

それが日本旅行のイメージガールだったと話題になった篠宮知世が主演の『完全露出　恥骨フェチ』（エデン）である。

豊田薫監督
『完全露出 恥骨フェチ 篠宮知世』
（エデン）1995年

パッケージには「日本旅行イメージモデルが恥骨丸出し本番だ！」というキャッチコピーが書かれ、タイトルにも陰毛に関する言葉は入っていないが、裏パッケージには勢いよく陰毛が生えた恥丘を横からアップで撮った写真が大きく使われている。

内容は『Mary jane』以上に豊田薫の耽美的な世界が全開になり、ドラッグを想起させる描写や篠宮知世にナイフを投げつける奇妙な男（男優時代の二村ヒトシ）が登場したり、膣内の映像や、愛液をスプーンで掻き出して舐めるシーンなど、ダークなイメージに溢れたものだった。陰毛のクローズアップはもちろん、ライターで陰毛を炙るなどというシーンもあり、その時点で数多くリリースされていた「チラリと映る程度の」ヘアビデオとは一線を画していた。

セックスシーンになるとモザイクで股間は覆われてしまって陰毛は確認できないのだが、これは当時の修正の技術的な問題であったようだ。

陰毛描写以外でも、当時としてはかなり修正が薄いという点や、時には豊田の世界観すら揺るがしてしまう篠宮知世のエロさもあり、ＡＶとしての実用性も高い作品となっていた。

『完全露出　恥骨フェチ』は、またも４万本を売り上げる大ヒットとなった。

ところが１９９６年に日本ビデオ販売が倒産してしまう。そしてフランチャイズ展開をしていたビデオ安売王の店舗が残された。ビデオ安売王は本部である日本ビデオ販売が卸した商品を販売するというシステムになっていた。そのため店舗で販売する商品がなくなってしまった。

そこで販売するために、多くのインディーズメーカーが立ち上がり、商品を作ることになった。こうして日本にインディーズＡＶ＝セルＡＶの市場が誕生したのである。

海賊版を販売していたり、経営がどんぶり勘定であったりと問題の多い日本ビデオ販売だったが、ビデオ安売王の派手なフランチャイズ展開がなかったら、日本のセルＡＶ市場は誕生していなかったかもしれないのだ。

そうした市場で、まず頭角を現したのが、ソフト・オン・デマンドだった。もともとは日本ビデオ販売の下請け制作会社のひとつだったソフト・オン・デマンドだったが、話題性の高い企画やマスコミを上手く使ったアピールで、インディーズブームを牽引する存在となった。1996年に発売された『50人全裸オーディション』から始まり『全裸水泳』『全裸エアロビクス』『全裸マシントレーニング』などと続く「全裸スポーツ」シリーズは、大勢の女性が陰毛丸出しの全裸で登場するというインパクトで話題を呼び、大ヒットを記録。ソフト・オン・デマンドというメーカーの存在を世に知らしめることとなった。

そして豊田薫もソフト・オン・デマンドで『恥骨フェチ2』を、Jカップの巨乳で人気だった沢口みき主演で撮影。こちらも2万本を超えるヒットとなっている。

その後、豊田薫は自身のメーカー、ワイルドサイド（レーベル名はリア王）を立ち上げ、さらに過激な表現を追求していく。

陰毛が勝敗を分けた

インディーズＡＶはブームと呼ばれるほどに過熱し、メーカーも乱立。過当競争となり、メーカーは修正の薄さを競い合うようになっていく。それは「薄消しビデオ」と呼ばれ、さらにはよく見ないとモザイクが入っていることすらわからない「極薄消しビデオ」まで現れた。

ユーザーの興味は、性器がどれだけ見えるかという問題になり、もはや陰毛を気にする人はいなくなっていった。それはビニ本ブームの時、ベール本へと発展していった過程を見るかのようだった。

また１９９８年頃から、日本人女優が出演した海外向けの無修正ＡＶが逆輸入されて裏ビデオとして出回るようになる。

さらに少しずつ普及が広まっていたインターネットを使えば、無修正画像を見ることも容易になってきていた。

ヘア解禁どころか、実質的にポルノ解禁と言ってもいいような状況が訪れていたのである。

しかし、そんな中でもビデ倫は断固として陰毛の表現を認めようとしなかった。00年代に入っても、ビデ倫審査のレンタル向けＡＶは、巨大なモザイクが下半身を覆っていたのだ。

その一方で、インディーズＡＶはフレーム単位で修正することによって極限までモザイクを小さくした「デジタルモザイク」「ギリギリモザイク」といった技術を開発。

こうなるとユーザーの人気もインディーズＡＶへと流れていく。この頃にはレンタル系ＡＶメーカー以上に規模も大きく人気も高いメーカーも増えており、インディーズＡＶという呼び方も合わなくなり、セルＡＶの呼称が定着していく。

結局、ビデ倫がヘア表現を認めたのは２００６年になってからだった。今までの基準ではセル系メーカーと勝負にならないという加盟メーカーからの訴えにようやく動かされたのである。

しかし、時すでに遅く、セル系メーカーの勢いに対抗するのは難しい状況となっていた。そこで、レンタル系メーカーはセル系メーカーに負けないように修正を薄くする道を選んだ。そしてビデ倫の審査もそれを許したのである。

レンタル（ビデ倫）とセルの対決はその1年後にあっけない形で終結を迎えることとなった。2007年8月23日、ビデ倫とメーカーがわいせつ図画頒布帮助の疑いで家宅捜索されたのである。ビデ倫審査済みとして流通した『巨乳若奥さま・ねっとり誘惑エッチ!!』（h.m.p）などの作品が、猥褻だと判断されたのだ。

この事件は2011年に有罪の判決が下されることとなるが、ビデ倫は2008年の時点で事実上活動を停止し、セル系メーカーの審査団体と合流する形となっていた。既にAV市場もセルが中心となっており、ここで対立の構図は完全に消滅することになる。新興勢力であるセル系に、レンタル系が屈するという結果となったわけだ。

ビデ倫事件の判決要旨には「メーカーからの要望を受けて次第に審査基準を緩和させ、モザイク処理が細かいために結合状態を詳らかに見ることができる」とあったが、もはやそこには、かつての基準として問題視されていた陰毛表現が言及されることはなかった。

第五章

ヘアヌードの終焉

「ヘアの巨匠」たちの苛立ち

1994年10月に、一冊の写真集が発売された。撮影は篠山紀信、タイトルは『hair ヘア』(新潮社)。

タイトル通りに、掲載されている85枚の写真は、全て下半身のアップで黒々とした陰毛がはっきりと写っている。顔どころか乳首も写っていない。ひたすら、ヘア、ヘア、ヘアという徹底した「ヘアヌード写真集」だ。モデルのクレジットは無く、それが誰の陰毛なのかも全くわからない。

『water fruit』と『Santa Fe』によって、「ヘアヌード」ブームに通ずる扉を開いたことで、ヘアヌードの元祖扱いされることになった篠山紀信だったが、本人はそのことを嫌悪していたようだ。前にも引用した2019年に当時を振り返っての朝日新聞でのインタビューでの篠山の発言をもう一度振り返ってみよう。

ただ驚いたのは、週刊誌なんかがヘアが写っていることだけを取り上げて、これは樋口可南子の写真集でも篠山紀信の写真集でもなく、ヘアヌード写真集だっていうんですよね。新しい言葉として、猫もしゃくしもヘアヌード。僕はその言葉は使っていないんです。

——朝日新聞　2019年4月16日号

そして1994年は、ヘアヌードブームが頂点に達した年であった。1年間に発売されたヘアヌード写真集は、2百冊以上に及んだ。正に「猫もしゃくしも」状態であった。

篠山紀信が、半ばやけくそに「どうせお前ら、ヘアだけが見たいんだろう」と言わんばかりの写真集を出したくなる気持ちも、なんとなくわかる。

当て擦りされた側とも言える、竹書房のヘアヌード写真集のプロデューサー二見曉が、自著『僕は「ヘア」ヌードの仕掛人』で、この『hair　ヘア』に対して「僕はそういう考え方は大失敗だと思う。篠山紀信の大後退だと見たね。『自分は違うぞ』ということを主張しているにすぎない。つまりそれもこれも『ヘア』ヌード・ブームにのっかっているだけなんだよ」と反論しているのも興味深い。

そして二見は、こう続ける。

（前略）ある写真評論家が「大部分の〝俗悪〟な『ヘア・ヌード』写真集」なんていう言い方をしてるんだ。よく「俗悪」なんて言葉をつかえると思うね。それは一般的な見方を代表して言っているつもりかもしれないし、大新聞の社説的論調だということはわかるよ。だけどなんで「俗悪」なの。ようするに〈アートのヌードはいいけれど、他は俗悪だ〉ってことだろ。頭にくるなぁ。「抜く」のに使うとかそういうのを全部ひっくるめて、写真集なんだよ。〈アートは高級で普通のヌードは俗悪〉というなら、「アート」と「俗悪」の差異を教えてくれよ。

篠山紀信が苛立つのと同じように、二見曉もまた苛立っていたのだ。

しかし、二見の言葉からは、この自著が出された1994年という時期には、もはや陰毛を露出するにあたって、「アート」の言い訳は完全に必要がなくなっていたということがわかる。二見が初めてヘアヌード写真集『日時計』を手がけた時に逮捕まで覚悟した1991年とは状況は大きく変わっていた。

ヘアヌード写真集を出版することが危険だという意識はもうなかった。それがこの出版ラッシュにつながっていたのだ。

ブームは臨界点を迎えた

1994年は1月だけでヘアヌード写真集は15冊も発売されている。

海王社から4冊、英知出版から3冊、竹書房とリイド社から2冊ずつ、そして近代映画社、笠倉出版社、河出書房新社、ぶんか社が各1冊という内訳だ。

被写体となっているのは、桜樹ルイ、憂木瞳、藤谷しおりなどのAV女優や、無名のモデルや素人がほとんど。かろうじて若松孝二監督の映画『水のないプール』などで知られる女優の中村れい子が知名度があるといえるだろうか。

実は1994年は年間で2百冊以上のヘアヌード写真集が出版されているものの、話題となったものは、極めて少ないのだ。

目ぼしいところを挙げれば、武田久美子が初めて陰毛を見せた『Lady Casablanca』（スコラ 撮影：リウ・ミセキ）、美人ジャズ・シンガーとして知られる秋本奈緒美と真梨邑ケイ、そして女優では横須賀昌美、小野みゆき、中村晃子、佳那晃子、広田玲央名、ルビー・モレノ。元アイドル組としては宝生桜子、川田あつ子、麻生真宮子といったところだ。

島田陽子や西川峰子もヘアヌード第2弾を出しているが、さすがに一発目ほどのインパクトはない。

宝泉薫『アイドルが脱いだ理由』に掲載されているヘアヌード写真集歴代売り上げランキングの中でも1994年に発売された写真集の中でベスト20位内に入っているのは、15位の秋本奈緒美『FACE』（ワニブックス 撮影：杉山芳明）と18位の武田久美子『Lady Casablanca』の2冊だけである。

前年の1993年には、川島なお美、石原真理子、宮崎ますみ、石田えり、杉本彩、小沢なつき、山本リンダ、辺見マリ、麻倉未稀と9冊もランクインしているのに、最もヘアヌード写真集が発売された1994年は2冊のみなのだ。

明らかに弾切れでありながら、無理矢理にでも出版しているという状況だった。

『南十字星日誌』（竹書房 撮影：荒木秀明）や『ロスト オブ マインド』（宝島社 撮影：横坂明比古／大倉康範）のような複数のモデルを使ったオムニバス的な写真集も目立ち、20人の女性の自室で撮影したという『プライベートルーム20』（ブックマン社 撮影：石川洋司）のようなコンセプトを絞ったものや、ロシアの少女を撮影した『フェアリーズ　氷の涯の妖精たち』（笠倉出版社 撮影：高橋景一）のような外国人モデルを起用したものも数多く作られたが、いずれもそれほどの売り上げを残すことはできなかった。

もはやヘアさえ出ていれば売れるという時代は終わっていた。ほとんどが無名のモデルばかりを集めた『日時計』が35万部も売れた1991年とは、何もかもが変わっていたのだ。

竹書房の宮内功ディレクターは『創』1994年11月号の「元気な竹書房、攻めの経営は実を結ぶか」という記事の中で、ヘアヌード写真集の現状についてこう語っている。

ブームは終わったという認識です。部数も昨年の九月と今年の九月では写真集全体の売り上げは半減していますしね。毎月三十冊も出て十万部刷って五万部戻るのではやっていけない。今後は小規模な出版社は出せなくなるでしょう。ヌード写真は未来永劫続くと思いますが、キチンとしたものを作らないと。今、その意味で模索しているところ。

同じ記事の中で二見曉も厳しい状況を語っている。

読者そのものは減ったわけじゃない。版元が増えて点数が増えれば読者は選べるようになるわけですが、過当競争です。竹書房でも九四年に入り、二十冊発行した段階で十万部を超えたものは十分の一の二冊しかない。部数の伸びが見込めないと昨年は最低ライン五万部だったのが、今年は三万部で予算を組むことになります。零細は潰れることになるでしょうね。

さらに記事では写真集の制作コストが語られる。

写真集の制作コストは、女優を起用した場合、一週間バリ島でロケを行うと、ロケ代（モデル・カメラマン・アシスタント・ヘアメイク・スタイリスト・編集など）が約五百万円、ギャラはヘアメイク・スタイリストが約百万円、本のデザイナーが約二百万円、カメラマン・モデルがロイヤリティそれぞれ約五％（定価三千二百円で十万部なら計三千二百万円）、印刷が一冊六百円×十万部で六千万円……と言われる。思惑違いの販売部数ではとてもやっていけない。

この記事の中では、写真集が10万部という部数を基準として語られていることに、まず驚かされる。90年代前半には、これが自然だったということだ。

最近でも２０１９年に発売された田中みな実の写真集『Sincerely yours...』（宝島社　撮影：伊藤彰紀）が60万部突破という大ヒットがあったが、これは写真集の歴代ランキングでも第3位という異例中の異例であり、現在では女性タレントの写真集は1万部を超えれば、ヒットと判断される。採算ラインとしては2千部程度だ。

そもそもヘアヌードのブーム以前は、写真集は数千部、数百部といった部数の世界だったのである。

10万部がいかに桁外れの数字であったのか、理解できるだろう。

そして当時はそれだけの売り上げを前提として動かしていたため、写真集は極めてリスキーな商売でもあった。

既に、陰毛を露出したことで摘発される心配はほとんど無くなっていたが、それとは別な意味で危険と隣り合わせであることには代わりがなかったのだ。

その一方で景気がよかったのが雑誌だった。週刊誌、特に『週刊ポスト』と『週刊現代』は毎号のようにヘアヌード企画を組み、部数を着実に伸ばしていった。

この時期、ヘアヌード写真集を出している出版社にはこの2誌の編集者が日参し、写真をグラビアに提供してもらおうと交渉していたという。いかに他社に先駆けて有名人のヘアヌードを掲載できるかが部数争いの結果に直結していたのである。

前述の通りに、1993年の段階では、週刊誌は表紙に「ヘアヌード！」と大々的にうたっていても、実際にはチラリとしか写っていなかったり、ぼんやりとした影のように修正したりという腰のひけた掲載だったのが、1994年になると、はっきりと陰毛を見せるようになっていた。

1993年の段階から容赦のない陰毛露出で気を吐いていた『ザ・テンメイ』は、1994年には70万部に達していた。これは当時の『週刊現代』とほとんど変わらない部数である。

そして『ザ・テンメイ』のような、ヘアヌードをメインとしたグラビア誌が次々と創刊されていた。

その先駆けである竹書房の『BIG4』と、その増刊である『エンドレス』、海王社の『スーパーG』、ワニブックスの『NOWON』、ぶんか社の『ヴィーナス』、スコラの『スコラアネックス』、英知出版の『フォトショット』などだ。こうした雑誌は定価千円ほどと、手頃な価格で買うことが出来た。

数千円と高価で、大判でハードカバーであるため場所を取る写真集よりも、安価で手軽に入手できる雑誌の方がいいと、こちらに流れていった読者も多かったと思われる。

陰毛は高い写真集を買わなければ見られないものではなくなっていたのだ。

そんな中、8月2日に竹書房が警視庁保安課防犯部から警告を受け、始末書を提出したことが報じられる。問題となったのは『ザ・テンメイ』8月号だった。

新聞各紙で報じられた警告理由は、「女性器そのものに焦点を合わせており挑発的なポーズが多い」「Tバックの水着を食い込ませて性的刺激を強めている」「扇情的な手法による露骨かつ具体的な描写が多くわいせつ性が認められる」といったものであった。確かに『ザ・テンメイ』8月号を見る限り、その通りとしかいう他ない。そして、そこに陰毛に対しての言及はなかった。

この事件を受けて、読売新聞が『ザ・テンメイ』と、その別冊『スーパーテンメイ』の広告掲載を拒否するという騒動もあった。

ところでこの年の6月に、大阪ミナミにヘア写真集レンタル専門店がオープンしている。店名は『写Girl』。約500種、5000冊が揃えられ、入会金1000円プラス450円でヘアヌード写真集が借りられたという。

ヘアヌード写真集ブームが臨界点に達したことを感じさせるニュースであった。

それでも陰毛が見たいのか？

代表的なAV雑誌として知られる『オレンジ通信』で、1991年から「エロメディア新聞」というコラムが連載されていた。書いていたのはライターの三島康（「新聞」ということで「主幹」とクレジットされていた）。三島は平加門という筆名で裏ビデオ評論なども手がけていた。

「エロメディア新聞」は、そのタイトル通りにアダルト業界のニュースや状況分析などを中心としたコラムだったが、時期的にヘアヌードについて書くことが多かった。

「米国のストリップ　全裸全面禁止判決」などの海外ニュースや「コミック規制に大アワての各種団体」「エイズ　異性間接触の真実!?」といった国内外アダルト業界の話題もあったが、やがてほとんどを「ヘア解禁への道」というシリーズが占めるようになり、1995年からは「月刊ヘアNEWS」とタイトルまで変更されている（タイトル変更にともない筆名も平加門に変更）。

この「エロメディア新聞」と「月刊ヘアNEWS」では、ヘアヌード写真集の発売状況や、各メディアでの扱い、雑誌でのヘアヌードグラビアの掲載状況などが、偏執的なまでに詳細なデータで記録されており、当時を知る大変貴重な資料である。

例えばこんな具合だ。

1月15日・業界唯一の等身大ポスターを付録につけてる『男の遊び専科』(青人社)が〝素人ヘアヌード5連発〟と銘打って写真集なみの露出度。(中略)月刊誌としてはほかに『デラべっぴん』(英知)が100号記念大特集。トップグラビアが人気の稀崎優&初顔の麻丘みるくほか数名ヘアで大盤振《おおばんぶる》まい。同誌や『ゴクウ』の類似誌で特徴はないが、ヘアはふんだんに見せる『ゼッピン』は号によって露出度のバラつきあり。洋モノは同月『ディック』が見開きで大サービス。隔月系の色物雑誌は『実話プレス』が頑張っていたが昨今はトーンダウン。ヘアを解禁しかけた『話のチャンネル／特ダネ最前線』も、週刊誌のいっせいヘア解禁と同時に逆に露出度ゼロとなって今日に至る。一気にモロ出し路線を開始したのは、ヤング系『アク・カメ』と『宝島』。とりわけ『宝島』は一時期過激だったが今は大人しめ。

――『オレンジ通信』1994年5月号

【グラビアの傾向】同月あたりからの大きな傾向は、春〜5・6月にほぼ成人誌(エロ本)がいっせいにヘア出しを始めたのに次いで、どの雑誌がいちばん過激に先頭を走るのか、筆者は注意深く見ていた。英知系の雑誌はおしなべてハデに正面裸像(フロントヌーディティ)を載せていたが、ほかに単体で鮮明全身ヌードをドシドシ載せ始めたのは『ゼッピン』。しかもここは(今は自粛気味だが)ハメ撮りの〝カラミ路線〟で相当にハミ気を敢行。ちょいアブない(が、抜ける・笑)試みだった。いわゆるヤングサラリーマン向けの総合誌『ザ・ベスト／トップ』等々、及び『モアパウ』などの中では、『おとなの特選街』(KKベ)が、無名モデルのダサぃ特写を連発しており、一歩リードの感が。カメラ系の『ベスカメ／アクカメ／アクトレス』等々も単体の鮮明ヘアをウリに激戦中だが、老舗の『アクカメ』が『宝島』ほどのクセがなく、『スコラ』と共に、マスカキ小僧のバイブルとなっているだろう（笑）。

――『オレンジ通信』1995年1月号

ちなみに『ザ・ベスト』は『ザ・ベストマガジン』（KKベストセラーズ）、『トップ』は『ザ・トップマガジン』（大亜出版）、『ベスカメ』は『ベストカメラ』（少年画報社）、『アクカメ』は『アクションカメラ』（KKベストセラーズ）を指す。

1994年から1995年にかけては、いわゆるエロ本も様子を見つつ、少しずつ陰毛露出を試みているという状況であった。

「エロメディア新聞」「月刊ヘアNEWS」を連載していた当の『オレンジ通信』は1994年の夏あたりから、かなり大胆にグラビアでの陰毛露出に踏み出しており、エロ本の中では早い部類だといえる。

この時期、まだビデ倫では陰毛の表現は認めていなかったため、AVではモザイクで修正されていた。AV女優の隠された陰毛をグラビアでは見ることが出来るのがAVファンには嬉しかった。

『オレンジ通信』は、陰毛に対しては思い入れが強いのか、「エロメディア新聞」「月刊ヘアNEWS」以外のページでもヘアヌード写真集やヘアビデオなどの特集が目立つ。

1993年4月号では「中国・解放された肢体」という中国でのヘア解禁についてのレポートまである。

ちなみにヘア解禁について現地の編集者に尋ねると「中国では1980年に映画で全裸が公開されました。全裸になればヘアーが見えるのは当然です。何故ヘアーがそんなに珍しいことなのか、私達にはわかりません」と戸惑われてしまう。「確かに露出することで話題になるのは我が国くらいのもの」というのも正直な感想だろう。

しかし、この『オレンジ通信』は、AV情報誌であると同時に、裏ビデオや裏本といった非合法の無修正作品の紹介にも力を入れている雑誌だった。

そもそも『オレンジ通信』は、1982年の創刊時は、グラビアを中心とした特に個性のない普通のエロ本であった。しかし1983年頃からビニール本や裏本、裏ビデオの情報を中心に扱う雑誌へと変わっていったことから人気雑誌となったという歴史がある。

80年代末からは、AV情報が中心になり、AV雑誌の代表的な存在へと成長していくのだが、そうした経緯から非合法の無修正アダルトメディアの情報もずっと扱い続けていた。

「エロメディア新聞」のコーナーで
「七瀬みぃ『コンティニュー』（スコラ）。元メロン組だそーだが（笑）ファンにはこたえられんだろう。ヘアも多めの自然毛。鮮明アップ・シーンが不足気味で、ちょい惜しい。それでも元アイドルものとしては、かなり出した方である」

——1994年11月号

と書いたその次のページの裏ビデオ紹介ページでは

「チン棒でワレメをこすりあげ、M字開脚にて生挿入。結合ピストンのアップは鮮明。尻穴までくっきり眺められるほど。」

——「ダイナマイトAV No.20 冬木あずさ・クミコグレース」より

「愛撫、ローターでクリ責め、指ホジ、紫バイブ挿入。淫らに肥大した陰唇が仲々に卑猥」

——「性臭 リンダ」より

と、無修正作品での性器やセックスの状況を延々と描写しているのだ。もちろん誌面に掲載された画面写真では、性器はしっかり修正されているのだが、同じ雑誌の中で語られている対象が、あまりにもギャップがあるように感じられる。

陰毛が見える見えないで一喜一憂しているのに、次のページでは性器無修正が当たり前の世界が広がっているのだ。そもそも「エロメディア新聞」「月刊ヘアNEWS」を書いている三島康＝平加門自身が、同時期に『ビデオ・ザ・ワールド』などでは、「カモンに聞け！ 平加門の悦楽的URAビデオ質問箱」と言った裏ビデオ記事を書いているのだから。

そしてこれが90年代の日本のアダルトメディアが置かれていた状況だった。

ポルノは実質的に解禁されていたのか

ある意味で80年代の段階で日本はポルノ解禁していたともいえる。入手しようと思えば、それほど難しくもなく裏ビデオや裏本は手に入れられたのだ。

もちろんそれは非合法なアンダーグラウンドな「商品」であったため、おおっぴらには販売されてはいなかったものの、『ビデオ・ザ・ワールド』などの雑誌には、裏ビデオ通販の広告が堂々と掲載されているし、この時期には電話ひとつでバイクで自宅まで届けてくれる宅配裏ビデオのチラシがポストに毎日のように投函されていた。

さらに小規模なインターネットともいえるパソコン通信の世界では、既に無修正画像がやりとりされていた。

怪しげな草の根ＢＢＳ（個人で運営するネットワーク）はもちろん、日本最大規模のネットワークであるニフティサーブの中でも密かに無修正画像がダウンロードできるコーナーがあったのだ。ただし、そのまま無修正画像をアップロードすれば当然ニフティの規約にひっかかって削除されてしまうのだが、局部を修正したソフトが別の場所にアップロードされており、それを使えば修正部分を復元することが出来る。かなり面倒くさいものの、無修正画像に飢えていたパソコン通信ユーザーは、そうした作業を苦ともせずに、画像収集に励んでいた。

当時のパソコン通信は従量課金制であり、60～80キロバイト程度の画像一枚をダウンロードするのに何分もかかった。そうなると画像一枚あたり数十円から100円。これによってニフティは年間数億円の収入を得ているため、無修正画像のアップロードを厳しく取り締まらなかったのではないか、という噂まで流れていたほどだ。

そして1994年には、個人で契約できるプロバイダも現れ、インターネットを利用するユーザーも少しずつ増えていた。インターネットなら、海外のサイトにアクセスすれば、無修正画像を見ることができた。

その気になれば、陰毛どころか性器まで丸見えの無修正画像や無修正映像を入手することが出来る状況になっていたのだ。

ただし、正規に販売されているAVでは、性器はもちろん陰毛まで大きなモザイクで修正されている。

18世紀のヨーロッパで、一般的に公開されている裸婦画では陰毛は描かれず、アンダーグラウンドで流通していたエロティック・カリカチュアでは無修正で何もかもが描かれていたことと、同じ構造である。

「表」と「裏」は薄い被膜で隔てられているに過ぎない。

そしてその被膜が、80年代までの日本は「陰毛」が基準であったのが、90年代初頭にそれが破られ、「性器」へと変わった。

それがヘアヌードブームという事件であり、革命であったのだ。コンビニエンスストアの雑誌棚に、ヘアヌードが並んだ時にそれは完成したと言ってもいいだろう。

コンビニで誰でも買える一般向けの雑誌に陰毛が掲載され、成人向けとして作られているエロ本には陰毛はない、というねじれ現象も起きてはいたが、1994年になるとエロ本でも陰毛を出し始めた。

もう陰毛は、貴重なものではなくなり、その価値はどんどん下がっていった。ビニ本コレクターの斉藤修は、その複雑な気持ちを『オレンジ通信』の連載「オサムランド」でこう吐露している。

ビニ本時代を振り返ると、パンティー越しに毛がうっすらと見えただけで大感激していた頃があったわけで、今のように一般誌まで堂々と恥毛丸出しの写真がのっかるなんて考えもつかなかった。しかしこれから生まれ育っていく子供にとっては恥毛なんて意識は存在しなくなるんだろうな。こうしてエロの基準はどんどん変化してゆくわけだ。

――『オレンジ通信』1994年9月号

好むも好まざるも、日本では、陰毛は完全に解禁されたように見えた。誰もがそう感じていただろう。

しかし、まだその判断は早すぎた。

『ベッピン』『スコラ』の摘発

警視庁が、ヌード写真の露出度に加えて一緒に掲載された文章も参考に、わいせつ図画販売の疑いがあるとして、東京都新宿区愛住町、英知出版（山崎紀雄社長）を家宅捜索していたことが、十九日わかった。

（中略）

容疑の対象となったのは、今月一日に発売されたヌードを中心とする隔週刊誌『Beppin（ベッピン）』十二月一日号。大学生など若い男性を主な対象に、書店のほかコンビニエンスストアなどでも総計二十四万部が売られているという。

警視庁保安課は次の号が発売された翌日の十六日、同社を家宅捜索するとともに、警察庁を通じて全国の警察に残部を回収するよう手配した。

わいせつ性があるとされたページには、女性の「ヘア」に焦点を合わせた写真が十数枚掲載され、その横に書かれた文章と一緒に、セックスの方法を説明する構成になっている。

保安課は（1）ヘアが自然に見えているのではなく、男性の手や口を添えた構図になっている（2）文章の説明も詳しく写真の理解を助けている――などを総合的に見て「男女の性戯行為を露骨かつ具体的に描写した」と判断。「わいせつの中心はあくまで写真で、文章は補助的なもの。文章表現だけを切り離してわいせつ性を判断したり、検閲する意図は毛頭ない」

としている。
警視庁は今年七月、写真家加納典明さんの作品を掲載した月刊誌『ザ・テンメイ』八月号にわいせつ性があるとして警告したが、その理由の一つは「性器そのものに焦点をあわせている」ことだった。『ベッピン』の写真では性器は見えていない。

——朝日新聞　１９９４年11月20日号

『ベッピン』は英知出版から１９８４年に創刊されたヌードグラビア中心の雑誌だ。それまでのエロ本とは一線を画したモデルのレベルの高さと、印刷の美しさで人気を集め、最盛期は28万部を売り上げた。『デラべっぴん』『すっぴん』『ベッピンスクール』など姉妹誌もヒットし、一時代を築いた雑誌である。

その『ベッピン』が摘発された。問題となったのは、１９９４年12月１日号の「ヘアテクニック」という５ページの特集だ。「決定版！ヘア愛撫テクニック集」「史上初!!ヘアヌード写真集・類

『ベッピン』（英知出版）
1994年12月1日号

『ベッピン』で問題とされた
ヘアテクニック特集

型別完全カタログ」「SEXにおけるヘア基礎知識」の三部構成になっており、猥褻と判断されたのは、「ヘア愛撫テクニック」の女性モデル（風俗嬢）の陰毛を男性モデルが指でひっぱったり、舐めたり、唇でひっぱったりしている写真とその解説文だった。陰毛も性感帯であるという面からテクニックを解説した記事なのだが、陰毛を「触る」という行為が「猥褻」に当たるという見解だった。

英知出版に家宅捜索が入った5日後の11月21日に、今度は『スコラ』（スコラ）が摘発された。しかし『スコラ』で問題となったのは2ヶ月も前に発売された9月22日号の「SEX限界露出主義　やっぱりヘアが好き!!」という特集だったのだ。

いやぁ、なんともシアワセな時代になったもんです。コンビニにならぶ雑誌のグラビアを開けば、ヘアヌードのオンパレード。有名女優やアイドルのヘアが、いいのかよ？　って言いたくなるくらいあたりまえに楽しめる時代になってきた。でもとどまるところを知らないのがボクらの欲望。もうフツーのヘアヌードじゃものたりない、なんて贅沢な声にもこたえ、かつてないボリュームと独自の切り口でとことんヘアの魅力を追求してみました!!

そんなリード文で始まるこの特集はオールカラー23ページに渡るボリュームで、「彼女のヘアが見えた！1　チャート式ヘア占い」「あなたのヘア見せてください!!　6人の女のコの『ヘアとSEXと私』」「限界接写で見せる!!　こんなときの彼女のヘア」など、ひたすら陰毛にこだわった内容となっていた。特集の扉ページには「ヘア＆ＳＥＸ勝手に全面解禁!!」というキャッチコピーも書かれ、ヘア解禁時代が訪れたということを無邪気に喜んでいる同誌の姿勢が窺える。

そんな特集の中に「性感帯としてのヘアを愛撫と体位で感じさせる!!」というコーナーがある。男性モデルが女性モデルの陰毛を指で引っ張ったり、撫でたり、唇でひっぱったりしている写真が17枚掲載されている。

そう、『ベッピン』で問題となった「ヘア愛撫テクニック」と同じ内容だったのだ。

『噂の真相』１９９５年２月号に、この摘発事件を報じた「警察権力に曝される『ヘアヌード全面

『スコラ』（スコラ）1994年
9月22日号

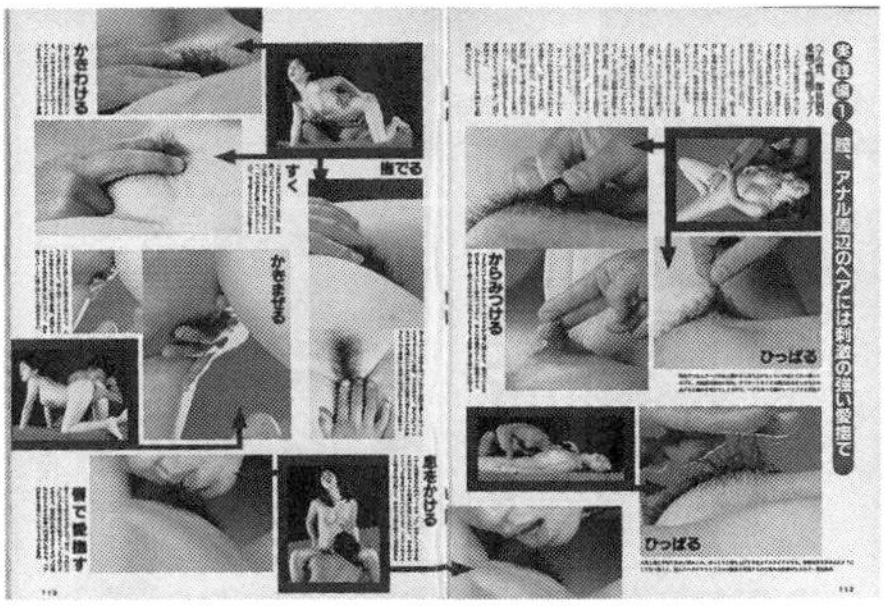

『スコラ』でもヘア愛撫テクニックが
問題視された

解禁』の危機事情」という記事が掲載されている。

『ベッピン』が狙い打ちされた理由を「グラビア誌編集者」がこうコメントしている。

『ベッピン』の場合、二十四万部も売れている人気雑誌のうえ、ここ半年ほど過激さがエスカレートしていた。それに、英知は他にも『デラ・ベッピン』(筆者注 『デラべっぴん』)など、十代のいわゆる青少年向けのグラビア誌が多数あるし、対マスコミのパイプを持たない中小出版社。過去の例からも分かるように、見せしめには格好の出版社だったんです。

しかし、なぜその後に『スコラ』が2ヶ月前の号で摘発されたのか、その不可解な理由について取次関係者がコメントしている。

「実は、警視庁には今回『スコラ』を挙げるつもりは当初全くなかったんです。スコラは英知と違い大手資本の入った講談社系列ですし、読者層も二十代や三十代がメイン。ところが、取り調べを受けた英知出版の関係者が、問題にされたページは『スコラ』九月二十二日号のパクリで、ウチを摘発するなら『スコラ』も同罪だろうと主張したため、しかたなく『スコラ』も挙げたらしいですね」

実はこの当時、筆者もスコラと英知出版の両方で仕事をしていたため、この噂はよく聞いていた。

本当だとすれば、『スコラ』は災難だったとしかいいようがない。いや、猥褻の基準が曖昧であるが故に起こった悲喜劇だというべきか。

この摘発事件を受け、『スコラ』は継続したものの、『ベッピン』は休刊となり、誌名を改めて『ビージーンズ』として出直すこととなる。表紙デザインや内容も、ほぼ『ベッピン』を踏襲したもので、読者の中には誌名が変わったことも気づかずに買った人も多かったのではないだろうか。ベッピン＝美人＝ビージーンズという洒落を踏まえた新誌名のリニューアル創刊号では「ヘアばかりの男性誌にはもう飽きた」という、経緯を考えると複雑な気持ちになるキャッチコピーが書かれていた。

英知出版、そして姉妹会社であるＡＶメーカー宇宙企画の社長であった山崎紀雄の半生を追った『裸の巨人　宇宙企画とデラべっぴんを創った男　山崎紀雄』（阿久真子　双葉社　２０１７年）から、山崎紀雄が当時を振り返った発言を見てみよう。

警察がコンビニ用にきまりを作って、うちとスコラを狙い打ちでした。スコラは発禁の3、4年後に倒産しました。結局、警察に呼ばれたあと、発禁。脅され、すかされ、最後は〝一般誌をやるという念書を書いてくれ〟って言われました。

（中略）『デラべっぴん』は30万部で15万部が行き場なし。凄まじかった。

80年代後半にエロ本業界を制していた英知出版だが、この事件によってコンビニ撤退を余儀なくされ、以降は坂道を転げ落ちるかのように衰退していく。毎月1億5千万円の収益をあげていたのが、毎月1億の赤字を抱えることになったのだ。結局、山崎は2001年に英知出版を売却する羽目に至る。英知出版自体は、その後いくつかの会社に転売された後に2007年に破産する。『ベッピン』が改名した『ビージーンズ』（途中から『ビージーン』）は、2006年にジーオーティーに版元が変更して継続し、2014年まで発刊された。

山崎の発言にもあるように、スコラも4年後の1999年に倒産。雑誌『スコラ』自体は新会社から発行されるが、2010年に休刊となっている。

追いつめられるヘアヌード

ヘアヌード写真集関係での事件では、『ベッピン』『スコラ』摘発の1年前の1993年11月22日にも不可解な逮捕劇が起きている。

渋谷のパルコ・パート1で開催されていた荒木経惟の写真展「エロトス荒木経惟」の会場で、いきなり女性従業員がわいせつ図画販売目的所持容疑で現行犯逮捕されたのだ。翌日にはギャラリーの女性責任者も同じ容疑で逮捕されている。

猥褻だと判断されたのは、受付で販売されていた写真集『AKT-TOKYO』で、問題となったのはそのうちの3点の写真だといわれている。

『AKT-TOKYO』は、前年にオーストリアで行われた荒木経惟個展のカタログで、ギャラリーの責任者が50冊輸入して販売していた。

そんなカタログを販売していただけの24歳の女性従業員が、入場者が大勢いる中でいきなり逮捕され、一晩勾留されたというのだから、どう考えてもやりすぎであり、警察側に見せしめという意味があったと思われる。

この事件で問題となったのは、性器が写っている、もしくは性器に指やバイブが挿入されているという写真であり、いずれもモノクロである。ここでは既に陰毛は問題視されていない。

この事件を報じた『週刊新潮』１９９３年12月9日号では、「ヘア問題では後退を余儀なくされてきた警察が面子《メンツ》を保つために今回の摘発に踏み切ったと見る向きは少なくない」と警察の意図を考え「性器がもろに出ているとなると、当局はエスカレートすることを嫌うんでしょうね。他の国でもヘアが解禁されると次は性器、さらに挿入シーンという道をたどってきていますから」と画家の池田満寿夫のコメントを紹介している。

事件の直後には、『AKT-TOKYO』を出版したオーストリアの『カメラ・オーストリア』編集長から日本の報道関係者宛にメッセージが公開された。

（前略）カタログもアメリカ、イギリス、ドイツ、フランスなどの美術館や図書館に収められています。このように私たちが真摯な意図を持って制作したカタログが『猥褻物』と見なされ、それによって、逮捕者が出たという「文化国家」日本での事件は我々にとって非常に残念なことで、日本の警察の判断に驚いております。（後略）

もうひとつのこの時期のヘアヌードをめぐる事件として、1994年11月26日に東京、12月4日に大阪で行われた「反ヘア・ヌード大デモ大行進」がある。

マスコミ倫理研究会が主催したデモで、東京では3万1千人、大阪では3万5千人が集まったという。

東京、宮下公園での集会では、同研究会会長が「ヘア・ヌードは百害あって一利なし。この猥褻写真がなし崩しのままに、世の中にはびこっていることは、法治国家として断じてあってはならない」と演説。

続いて幹事の女優・小川知子が「(ヘア・ヌードのモデル探しのために) お金に困っている芸能人の情報を血眼《ちまなこ》になって探している、これが実態なのです。人の弱みに付け込んでお金儲けをする。これは、大きな社会問題となった悪質な宗教団体による霊感商法とまったく同じです。『ヘア・ヌード商法』そのものなのです」と叫び、さらに代表幹事の作家・景山民夫も「良識とは『社会人としての正常な判断力』です。社会人としての正常な判断力を失った者に、公の雑誌の編集長を務める権利はない。講談社『週刊現代』編集長・元木昌彦に通告する。いつまでも、毒虫やゴキブリのように陽の当たらぬ音羽の森に隠れておらず、堂々と公開の場に出てこい」と講談社を糾弾する。

さらに会長の演説は「宗教の使命は、善悪を峻別し、悪を押し止め、善を推し進めていくこと。仏弟子として、不退転の決意を持って、不退転の行動力を持って頑張ってまいりましょう」と続く。

実はこの「反ヘア・ヌード大デモ大行進」は宗教団体・幸福の科学が主催したものだった。

当時、幸福の科学は、『フライデー』や『週刊現代』が批判的な記事を掲載していたことに対して、告訴するなど対立状態にあり、教団をあげて様々な抗議行動を起こしており、「反ヘア・ヌード」キャンペーンもその一環として行われたものだった。

そのため『フライデー』と『週刊現代』などの講談社の雑誌ばかりを槍玉に挙げるなど、偏った抗議運動となっていた。

そうした背景があからさまだったことから、この「反ヘア・ヌード」キャンペーンは広がりを見せることなく自然消滅した。

しかしこの年の12月、ヘアヌードブームを牽引してきた『週刊現代』『週刊ポスト』に奇妙な動きがあった。

産経新聞11月29日号に掲載された記事によれば、まず『週刊ポスト』がヘアヌードを「基本的に載せない」と方針を転換、そして『週刊現代』は誌面から「ヘア・ヌード」という言葉を撤廃する、というのだ。その理由としては「ニュースとしてのヘアヌードに価値がなくなったから」となっている。

STOP THE HAIR NUDE
緊急出版
ストップ
ザ・ヘア・ヌード
あなたの子供が、危ない!

幸福の科学広報局・編
『ストップ・ザ・ヘア・ヌード』
（幸福の科学出版）1995年

しかし「基本的に載せない」「言葉を使わない」という曖昧な表明通りに、両誌ともその後もヘアヌードグラビアの掲載を続けている。

結局のところ、表向きにでも自粛の意思があることを表明しなければならない理由があったのではないだろうか。

1995年に摘発された
加納典明『きクぜ! 2』
(竹書房)

『ベッピン』『スコラ』摘発を報じた『噂の真相』1995年2月号の記事では、この2誌の産経新聞でのコメントに対して「考えられるのは、産経の誤認報道か、あるいは二誌と警察権力の談合である」と指摘している。

また、航空会社がヘアヌードを掲載している雑誌を機内で読まれると女性客が迷惑するということで『週刊現代』と『週刊ポスト』を機内誌から外すという動きも関係していたのかもしれない。

いずれにせよ、ヘアヌードを取り巻く状況に暗雲が立ち込め始めたのが1994年という年であった。

そして明けて1995年1月24日、警視庁が竹書房と加納典明の事務所を家宅捜索。27日に大日本印刷、トーハン・日本出版販売などの取次会社を家宅捜索。

そして2月13日に竹書房社長と編集者2人、そして加納典明を「わいせつ図画販売」の容疑で逮捕した。

問題となったのは『ザ・テンメイ』本誌ではなく、総集編である『きクぜ！2』だった。

1994年に『ザ・テンメイ』8月号が警告を受けており、「今後十分注意する」と始末書を出していたにもかかわらず、警告後にその号を2万部増刷しており、さらにその写真を『きクぜ！2』で再録していたことから、逮捕へと踏み切った。警告後に加納典明がメディアで挑発的な言動を繰り返していたことも、警視庁を刺激したのだろう。

後に加納典明は検事からの取り調べの様子を回想し、こう語っている。

「(勾留の) 最後の日だったかな、検事が医学書の女性器のイラストを持って来た。そこにグリーンのマーカーペンで丸が描かれていたんだ。

イラストを見ると、恥丘の盛り上がり、いわゆるドテの中央辺りと肛門が、ぐるりと丸で囲まれていた。思わず『この丸、誰が描いたんですか』って聞いたら、検事が『俺だよ』って言って、顔見合わせて2人で笑っちゃったよ。マーカーで囲った部分を指しながら、『加納くん、ここから入らないでくれる？』って言われたな。くだらないけど、猥褻とアートに線引きがされたんだよな」

――週刊新潮　2016年8月23日号別冊

加納典明は非を認め、略式起訴で罰金50万円を払って釈放され、竹書房社長もわいせつ性を認め、争わない姿勢を示した。

こうして70万部という破格の部数を叩き出していた『ザ・テンメイ』は休刊へと追い込まれる。

それはひとつの時代の終わりを告げる合図のようなものだった。

そして祭りは終わった

バブル経済が弾けると同時に始まったヘアヌードブームのバブルが弾けたのは1995年だった。

1994年には、既にヘアヌード写真集の売れ行きが落ち込みを見せるといった予兆はあったが、『ベッピン』『スコラ』そして『きクぜ！2』の摘発という事件を機に、ブームの熱は急速に冷めていった。

まずその年の夏にKKベストセラーズがヘアヌード写真集から撤退の方針を決めた。摘発を機に休刊となった『ザ・テンメイ』に続き、『BIG4』『エンドレス』といった竹書房の写真雑誌も休刊になる。『ザ・テンメイ』の穴を埋めようとして創刊された荒木経惟の『裸写』や沢渡朔の『Sawattari』も不発に終わった。

1995年には高岡早紀の『one,two,three』（ぶんか社 撮影：篠山紀信）や大西結花の『FLORE』（ワニブックス 撮影：渡辺達生）といったヒット作も出てはいるのだが、ヘアヌード写真集の発行点数も、2百冊以上だった前年に比べて半数ほどに減少し、それぞれの売り上げも伸び悩んでいた。

交際を父親の梅宮辰夫が反対していたことで騒動となった梅宮アンナと羽賀研二の『アンナ 愛の日記』（新潮社 撮影：篠山紀信）や、女流棋士の林葉直子『Confession』（竹書房 撮影：小沢忠恭）など話題性の高い写真集もあったものの、ワイドショーでスキャンダラスに扱われるだけに終わり、売れ行きは期待されたほどには伸びなかった。

『ザ・ベストマガジンスペシャル』1996年1月号（KKベストセラーズ）の「決定！'95年猥褻メディア大賞」では、1995年のヘアヌード写真集の状況をこう評している。

昨年を「激動」とすれば'95年は「沈静」のヘアヌード写真界。昨年に比べて、出版部数も約半分に減り、「売り上げは3分の1から4分の1にまで落ち込みました」と「ブックスローラン」販売担当者は語る。「正に今年は停滞期」（マルチ評論家・井崎脩五郎氏）という言葉に代表されるが…。

「簡単に言えばファンが飽きたんでしょう。ヘアヌードという言葉自体にはもう神通力がなくなった」

——写真評論家・高橋周平氏

この特集では1995年を「停滞期」だと位置づけているが、翌年の「決定！'96年猥褻メディア大賞」（1997年1月号）では、さらに寂しい状況が語られている。

「今年はあの藤田朋子が話題になったぐらいで、大物ヌードが極端に少なくなった感じがしますね。私の取材先でも、〝ヘアヌードになっても、話題にならないからおいしくない……〟と漏らす大物女優が多かったからね」

芸能リポーターの梨元勝氏がこう語るように、今年のヘアヌード写真集市場はとにかく話題性に欠けた一年であった。

「昨年は巨乳の高岡早紀に梅宮アンナのペアヌードなど、それなりにネームバリューのある女が初脱ぎに挑んでいました。それが今年は元アイドルの浅沼順子や横山知枝ですから、ヘア写真集はファン離れが起こっても不思議ではありませんよ」（アイドル評論家・高倉文紀）

この「猥褻メディア大賞」も、1995年度ではヘアヌード写真集に7ページ割いていたのが、1996年度では特集扉込みで3ページという扱いになっているところからも、シーンの盛り下がりは見て取れる。代わりにページを取っているのは「ヘアビデオ大賞」「CD-ROM大賞」「インターネット大賞」だ。

1996年には、この特集でも触れられている藤田朋子の事件もあった。

女優の藤田朋子が自分の初ヘアヌード写真集『遠野小説』の出版差し止めを申し出たのだ。『遠野小説』の撮影は荒木経惟によって岩手県遠野市で行われた。

しかしその後、様々な話の食い違いがあった末に藤田サイドが出版にNGを出すに至ったようだ。出版差し止めの仮処分申請を東京地裁に申請し、それが認められた。

その後、藤田朋子はマスコミを集めて記者会見をするが、用意した原稿を一方的に読み上げるだけで、食い下がる報道陣に対して、突然英語で叫ぶなど、エキセントリックな印象を与えることとなった。

しかし出版差し止め決定前に『遠野小説』は既に初版分5万部が流通し、ほぼ完売していた。

この写真集のプロデューサーであり、藤田に「Kill him!」とまでいい放たれたのが、高須基仁だった。

高須基仁は、竹書房の二見曉と並んでヘアヌードブームの立役者といわれていた人物だが、毀誉褒貶が多く「悪徳プロデューサー」「脱がせ屋」「毛の商人」などと呼ばれ、本人もそれを楽しんでいる節もあった（本人は「悪徳」ではなく「悪役」と呼んで欲しいといっていたが）。

島田陽子の『Kir Royal』を始めとして、天地真理、西川峰子、高部知子など数多くの写真集を手がけた当時のヘアヌード業界を代表する存在であったことは間違いない。

『創』１９９７年1月号の特集「ヘアヌードブームの終焉」で高須はヘアヌードブームがこの時期に終息に向かった理由をこう分析している。

ここ5年間のヘアヌードブームを支えてきたのは、要するに中年シルバーマーケットでした。各出版社とも建て前上は「読者は30代が中心です」と言うでしょうが、実際に最も買っていたのは45～55歳の層なんです。20代・30代というのは限りなくゼロに近いと言っていい。つまり60年安保と70年安保の両方の世代が中心的な読者になっていたわけです。

そういう世代の方々が青春時代に胸をときめかせたようなタレントさんが、やはり95年の夏くらいまでの時点で既にみんな脱いでしまったんですね。

この特集では、高須基仁と並んで二見曉も登場し、「ヘアヌードブームの終焉」について語っている。そこで二見が指摘しているのは、「漁夫の利」を得た大手出版社の姿勢だ。

結局「ヘア」ヌード・ブームで一番いい思いをしたのは我々じゃなくて大手出版社、特に週刊誌だったんです。大手の出版社は自ら「ヘア」を手掛けることで返ってくる反応を非常に恐れていた。これはテレビ局も同じです。そこに竹書房は果敢に戦いを挑んだわけだけど、大手マスコミは何ら自分で戦うことなく、美味しいところだけを持っていった。少なくとも僕はそう思っている。

（中略）「200万出しますから独占掲載させてください」なんて言ってくるわけだけど、こっちはロケ費用だけで2000万とか3000万、ギャランティなんて5000万ぐらい使っているわけです。それを200万とかで買おうなんて……。

そこに僕は大手出版社の、風俗文化やヌード文化というものに対する姿勢の怠慢を見るわけです。実際にはそういうものを欲していたのは講談社であり小学館であったわけでしょ。

二見曉は学生運動に参加し、60年代安保闘争の際は早稲田大学のリーダーだったという。その後、野坂昭如の芝居のプロデュースも手がけた。

そういった反体制的な意識を持った二見にとっては、安全地帯から利益だけを持っていこうとする大手出版社の姿勢には反感を持ったのだろう。

そして高須基仁もまた、学生運動の経験者であった。そのため『創』の特集には「ヘアヌードブームの仕掛け人は元活動家であった。」というタイトルがつけられ、そうした面からブームを検証するという切り口もあった。

特集の前文には、こう書かれている。

高須さんと二見さんに共通しているのは、いずれもかつて新左翼系の活動家だったことである。ヘアヌードと一見何の関係もないように見えるのだが、実はそうではない。活動家が就職先のないままエロの世界に流れるというのは、亀和田武さんを見るまでもなく昔ながらの一つのパターンだが、要するにこれは、ヘアヌード写真集もエロの世界の一変種だったことの証明なのである。

（中略）結局、何も傷つかずおいしい部分をいただいたのは大手出版社の週刊誌であった。マイナーなゲリラが先鞭をつけ収穫は大手がもっていく、というこの構図も、いつもながらのものである。

1996年末に発売されたこの特集では、高須基仁も二見曉も「敗軍の将」的な立場で自分たちが牽引してきたヘアヌードブームを語っている。

そう、1996年8月には二見曉が率いていた竹書房のヘアヌード写真集を手掛ける第三編集部が解体され、10月には高須基仁が活動のベースとし、数多くのヘアヌード写真集を発行していた風雅書房が倒産したのだ。この二つの事件はヘアヌードブームが完全に終焉を迎えたことを世間に印象づけた。

竹書房は、『きクぜ！2』摘発以降も、松田聖子のヌード写真集を出す企画が頓挫したり（撮影は一部行われ7千万円を前払いしていたらしいが発売中止）、中国情報紙『ウィークリー・チャイニーズ・ドラゴン』が失敗するなど、勝負のすべてが裏目に出る状態だった。竹書房の業績を牽引していた第三編集部は30人ほどの大部署に膨れ上がっていたが、結果的にそのほとんどが解雇されたという。

風雅書房は経営悪化の起死回生として藤田朋子『遠野小説』を出したが、前述のトラブルに見舞われ、初版5万部は完売したものの、それは焼け石に水に過ぎなかった。

他の多くの出版社も、ヘアヌード写真集の出版からは手を引いたり、点数を激減させていた。特集「ヘアヌードブームの終焉」で、ぶんか社の日暮哲也取締役・編集主幹（当時）が1996年時点の現状を語っている。

大雑把に言って、3年前のピーク時に比べれば、初版部数で4分の1から3分の1に減らしているのが現状ですね。当時は初版3～5万部は当たり前、モノによっては10万部スタートというものもありましたが、現在はヘアヌードでも1万部が基本です。1冊にかける経費も、昨年あたりから減らしています。

そして過熱していたブームを、こう分析している。

ブームの頃がむしろ異常だったのであって、あれは一過性の時代、通過儀礼だったんでしょう。ヘア解禁という時代性の中で、多くの人が好奇心をもち、また作り手の側でも粗製乱造に走った部分がありました。結局、飽きられたのは質の悪いヘアヌードであって、いいモノは作られ続けているし、本来の写真集（のマーケット規模）は現在の方がむしろ真っ当な姿なんだと思いますよ。

やはりヘアヌードブーム自体が、バブルそのものだったのだ。

1996年には広末涼子の写真集『R』『H』（共に集英社 撮影：斉藤清貴）が2冊合計で48万部の大ヒットを記録。

そして1994年の雛形あきこのブレイクに端を発したグラビアアイドルブームが大きな盛り上がりを見せていた。矢部美穂、吉野公佳、松田千奈、鈴木紗理奈、青木裕子、山田まりや、黒田美礼といったグラビアアイドルがグラビア誌や漫画雑誌のグラビアや表紙を飾った。彼女たちの写真集も好調な売れ行きを見せていた。写真集のトレンドはグラビアアイドルへと移行していたのだ。

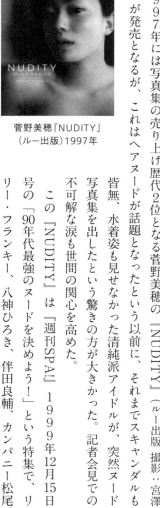

1997年には写真集の売り上げ歴代2位となる菅野美穂の『NUDITY』（ルー出版 撮影：宮澤正明）が発売となるが、これはヘアヌードが話題となったという以前に、それまでスキャンダルも皆無、水着姿も見せなかった清純派アイドルが、突然ヌード写真集を出したという驚きの方が大きかった。記者会見での不可解な涙も世間の関心を高めた。

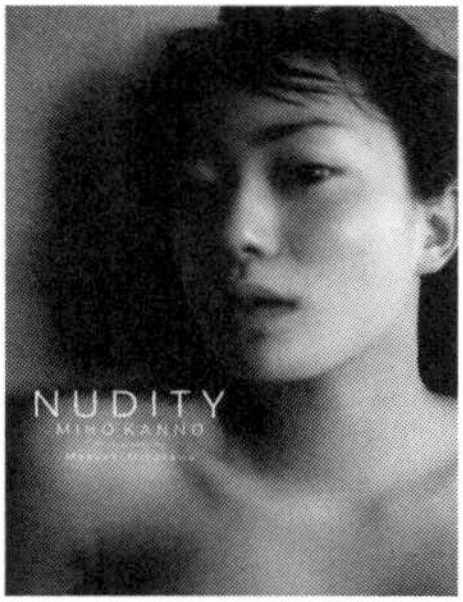

菅野美穂『NUDITY』
（ルー出版）1997年

この『NUDITY』は『週刊SPA!』1999年12月15日号の「90年代最強のヌードを決めよう！」という特集で、リリー・フランキー、八神ひろき、伴田良輔、カンパニー松尾、藤井隆ら「ヌード選定人」と読者100人が選んだ「最強ヌード」として、『Santa Fe』を差し置いて1位に輝いている。

この特集を見ると、多くの芸能人ヌード写真集が語られているものの、「腰から足にかけてのラインの美しさ」（リリー・フランキーの高岡早紀への評）、「足が折れ曲がって、尻ともも肉がくっついてプニュっとはみ出る感じがたまらない」（八神ひろきの辺見えみりへの評）、「BかCカップくらいだと思うけど、いい具合にたるんでるところがイヤらしいね。しかも乳首と乳輪のバランスが最高」（カンパニー松尾の川島なお美への評）と、陰毛についての言及は皆無なのだ。『Santa Fe』の発売前に、宮沢りえの陰毛が写っているかどうかが、あれほど話題になったことが嘘のようである。

そして1997年の『NUDITY』を最後に、ヘアヌード写真集が年間ベストセラー（トーハン調べ）の20位以内に入ることはなかった。

終章

そして誰も陰毛を語らなくなった

先日、デビューしたばかりのAV女優にインタビューした時に聞いた話だ。

彼女はもともと陰毛を剃り上げていた。陰毛が生えているのは見苦しいと思い、10代の頃からずっと剃毛していたのだという。

しかし、AVデビューに当たって、プロデューサーから陰毛を生やすように命じられた。

「本当は生やしたくなかったんですけど、そっちの方が売れるよって言われたので、慌てて生やすことにしました。でもデビュー作は、間に合わなくてチョボチョボって生え方なんですよ(笑)。これからちゃんと濃くなりますから！」

特にデビュー作は、陰毛が生えている方が好まれるという話は以前からよく聞いていた。その方が、純情そうで素人っぽく見えるからだそうだ。デビュー作においては、それまで素人であったことを強調する必要があるのだ。

現在では、パイパン＝陰毛を手入れしている＝ヤリマンという印象があるのだ。

古代ギリシャの時代から無毛は未成熟＝清楚を意味し、陰毛は猥褻だとして排除されてきたという歴史を考えると、なんだか不思議な気持ちになる。

欧米のポルノ業界では、かなり以前からモデルや女優が剃毛してツルツルにするのが普通という状況があった。

老舗巨乳雑誌として知られ、海外のポルノ事情にも詳しい『バチェラー』の2018年3月号に「ヌードの考現学　陰毛はどこへ行ってしまったのか?」というコラムが掲載されている。

日本人がようやくお咎めもなしにヘアヌードを享受できる喜びに浸っていたのは、今から思えば（というか、欧米人から見れば）なんとも珍妙かつ滑稽な光景だったんだねぇ。

その頃からあちらのポルノ女優の陰毛が一段とトリミングがすすみ完全にシェーブしてしまう女優が普通になってきたのだ。一説によると毛を剃るのは性器の挿入の様をよく見せるためだと、土手のところに申し訳程度の毛を残している者は以前からよくいたとはいえ、その説では一般の女性の間でヘアトリミングが加速化しだした説明になっていなかった。何のことはない。理由は水着のハイレグ化だった。当時大人気だったテレビ映画シリーズBay Watchを見れば納得。日本もハイレグ水着はすぐ入ってきて皆むだ毛処理に頭を悩ますことに。そこでエステのむだ毛処理が大流行りとなるわけである。そしてブラジリアン・ワックスなるむだ毛リムーバーがもてはやされる。ソンと呼ばれる極小&半ケツ出しビキニをまとうブラジル女性が使用する。それが世界的にもてはやされるようになったのもこの頃だ。

2012年には、あれほどヘアヌードにこだわっていた『週刊現代』が「無毛ヌード時代がやってきた」（1月21日号）という特集を組んでいる。

ヨーロッパでは「陰毛は不潔なもの」だとされ「かつてはみな生やしっぱなしでしたが、10年ほど前から剃毛《ていもう》する女性が増えました。一昨年や昨年に撮影したときは、9割の女性は〝無毛〟」と西洋女性のヌードを撮っている写真家の高橋生建のコメントを紹介している。

そして特集では日本女性でも無毛にする人が徐々に増えていると述べ、「90年代に一世を風靡したヘアヌードの次は、無毛ヌードがブームを起こす」と結んでいる。あれだけヘアヌードにお世話になったのに、ずいぶん薄情だと思わないでもない。

この特集が好評だったのか、『週刊現代』は3月3日号でも第2弾「無毛ヌード時代を始めよう」特集を掲載。こちらでは、日本でも広がりはじめているハイジニーナ脱毛を紹介している。

ハイジニーナ脱毛とは「Vライン」＝デルタ地帯、「Iライン」＝性器周辺、「Oライン」＝肛門周辺をすべて無毛にすること。つまり下半身をツルツルにしてしまう脱毛処理だ。ちなみにハイジーンは清潔を意味する。

海外セレブの間ではハイジニーナ脱毛をするのが当たり前だと報道されたことから、近年一般的にもかなり広まっている。

ＡＶでパイパンが嫌われるのは、こうした状況への反動なのだろう。

実際、『バチェラー』の「陰毛はどこへ行ってしまったのか？」では、欧米のポルノではフサフサの陰毛は、フェチジャンルとして密かな人気を集めていると述べられている。いつか、日本のＡＶでも非パイパンがフェチジャンルとして認識される日が来るのかもしれない。

00年代以降に思春期を迎えた人にとっては、かつて日本では陰毛の表現が禁止されていたという事実は想像しづらいようだ。

現在二十代、十代の若者にそう話すと驚かれることが多い。

スマホで簡単にインターネットにアクセスでき、手軽に性器まで丸見えの無修正画像や無修正映像を楽しむことが出来る時代において、陰毛が見える見えないが問題になったというのは信じられないのも無理はない。

しかし、ふと気がつくと、テレビから乳房が消えていた。90年代までのテレビ番組にはやたらとおっぱいが登場していた。バラエティ番組で、ドラマで、ＡＶ女優がおっぱいを露出するための要員として起用されていた。しっかりと乳首まで画面に写っていた。それはゴールデンタイムであろうが、お構いなしであった。それが00年代から減っていった。

『テレビブロス』編集者の木下拓海がニュースサイト『BLOGOS』に書いた「おっぱいかく戦えり　地上波最後のおっぱいを探せ」（２０１７年６月13日）は、地上波テレビ番組で最後に放映された「おっぱい」を探し求めるというテキストだ。

この記事によれば、２０１２年がその最後の年だったという。

『バカ殿様』を筆頭に、おそらく２０００年以降、徐々にゴールデンタイムからおっぱいは粛清されていったものと思われる。しかし、おっぱいたちは深夜帯に立てこもって抵抗を続け、風前の灯ではあるものの、わりと最近まで地上波で放送されていたようだ。されど、スマホが普及しつつあった２０１２年１月７日、ついにおっぱいたちは最後のひと燃えのような輝きを放ち、その有終の美を地上波で飾る。
その日の０：12、まずテレ東『湯けむりスナイパー　お正月スペシャル２０１２』で開始早々おっぱい丸出し２名、さらに同じ日の23：15、今度はテレ朝『特命係長　只野仁　ファイナル　第二夜』でも開始早々１名と、１日で２番組もおっぱい特攻をしかけてきたのだ。さらに付け加えると、その前日である1月6日の23：15から『特命係長 只野仁 ファイナル 第一夜』でも開始早々におっぱいが露出されていたので、

「只野仁 第一夜」→日が変わった直後に「湯けむりスナイパー」→睡眠&日中待機して夜11時に「只野仁 第二夜」

という感じで、2012年1月6日の夜から1月7日の夜にかけて怒涛のおっぱい巡りができた奇跡の日になったのだ。

東京の地上波ではこれが最後の「おっぱい」となったが、その年の9月12日にテレビ大阪が『ガチバラ！ こちら温泉DVD制作会社』という番組で、AV女優・麻美ゆまが入浴中に乳房をポロリと出した。

その後も医療番組やドキュメント番組でアフリカの部族の女性の乳房が放映されるといったことはあったらしい。

いずれにせよ00年代以降に地上波では簡単に乳房が見られることはなくなったのだ。

さらにかつては街中に貼られていた成人映画のポスターにも乳首は無造作に登場していたが、これも姿を消した。

2019年には大手コンビニがエロ本の取り扱いを停止。一部の週刊誌を除いて、コンビニで販売されているほとんどの雑誌から乳首は消えた。かつてはヌードグラビアの代名詞であった『週刊プレイボーイ』も、現在はヌードをほとんど扱っていない。

公の場から乳首は消えたのだ。もちろんヌード写真集やエロ本には乳首も陰毛も写っているし、映画でも乳首が見られる作品はある。

そう考えると、かつて「公の場」と「そうではない場」の境界線が陰毛であったのが、乳首にまで後退したのだと言えないだろうか。

さらにその向こうには、日本の法律では（一応）禁じられている「性器」という境界線がある。

もはや陰毛は境界線として語られる存在ではなくなったのだ。

おわりに

結局、陰毛は猥褻なのだろうか

結局のところ、陰毛は猥褻なのだろうか。

１９５７年の最高裁判決は、60年以上を経た今でも有効となっている。すなわち「徒に性欲を興奮又は刺戟せしめ」「普通人の正常な性的羞恥心を害し」「善良な性的道義観念に反するもの」を猥褻と定義しているのだ。

１９９１年以降、陰毛はこの三つの定義に抵触しないこととなったのだろうか。

現在、制作されているアダルトメディア作品は、明らかに「徒に性欲を興奮又は刺戟せしめ」「通常人の正常な性的羞恥心を害」することを目的として作られている。性的に興奮させないものなど、アダルトメディア作品として成り立たない。

特に00年代以降においては、それはより純化されている。90年代以前にあったサブカルチャー的な要素は極力排除され、「性欲を興奮又は刺戟せしめ」ることを目的とした作品作りが重要とされている。

では、なぜそれらの作品は猥褻として摘発されないのだろうか。それは第三の定義である「善良な性的道義観念に反するもの」に当たらない、とされているからだ。「善良な性的道義観念」は時代によって変化する。80年代までは、陰毛は「善良な性的道義観念」に反していたけれど、90年代以降は社会の変化によってそうではなくなった。そういう解釈なのだろう。

しかし「善良な性的道義観念」とは、いったい何なのだろう。

筆者は30年以上、アダルトメディアの現場を観察している。時には制作の側にも立って来た。そういう中で常に感じているのは、人々の性的嗜好の幅広さだ。

簡単に言えば、エロのツボは人それぞれ、ということだ。例えばセックスの際に全裸でなくては嫌だという全裸派と、着衣でやって欲しいという着衣派は対立していて、AVのユーザーレビューを見るといつも両派の抗争が起きている。「内容はいいけれど、着衣のままでセックスしているシーンがあるのが残念」「全部脱がしてしまうなんて、この監督はバカなのか」などという意見が飛び交っている。

一番わかりやすい嗜好であろう巨乳好きにしても、パンパンに張っているのが好きという人もいれば、垂れないレベルの大きさでは巨乳と呼べないという人もいる。乳輪の大きさにだって、みんな一家言ある。

さらにディープな話をすれば、フェチと呼ばれる世界での性的嗜好の多様さは凄まじく、踏みつけたりして物を壊す様に興奮する「クラッシュ」や、人体を真空パックする「バキューム」、巨大化した女性（高身長というレベルではなく怪獣サイズ）に興奮する「ＧＴＳ」など、想像を絶するような嗜好が存在する。

人間が千人いれば千種類の性的嗜好があるのだなと実感する。

そうした現実を踏まえた上で「善良な性的道義観念」とは、何なのだろうと、つい考えてしまうのだ。平均的な性的道義観念というものは、果たして存在するのだろうか。

逆にいえば、性的嗜好が平均的な性的道義観念から外れている人は猥褻を満喫し放題ということにならないだろうか。

そして、現時点の日本の状況においては、猥褻と判断されるのは、性器を無修正で表現することのみだというのが実情だ。その他の事例で猥褻だとして罰せられることは、まずない。

ならば、性器にうっすらとモザイクをかけた途端に、それは「善良な性的道義観念」に反するものではなくなるということなのか。

個人の嗜好に左右される猥褻というものを法律で一律に取り締まるということは、どうしたところで無理があるように思えてならないのだ。

こういったことを書くと、筆者はポルノ解禁主義者だと思われるだろうが、実は矛盾をはらみつつも時代によって変化していく状況込みで「エロ」を楽しんでいるところもある。

現在、「ヘア」が誰にも語られなくなってしまったように、性器表現も解放されて、そこに希少価値がなくなってしまったら、少し寂しさを感じてしまうかもしれない。
アダルトメディアの制作者側としては、修正しなくてよくなるのは、手間がなくなり大きなコストダウンになるので、ありがたいかなとは思うけれど。

本書は構造としては2017年に書いた『巨乳の誕生』（太田出版）の続編ともいうべき位置づけとなる。

執筆はコロナ禍の中で行われたため、筆者の命綱とも言うべき国会図書館が閉館していたり、利用が限定されたのが非常に厳しく、かなり苦戦させられた一冊となった。

本書もまた多くの人たちの協力をいただき、なんとか書き上げることが出来た。アドバイスをいただいた山岸純法律事務所の山岸純弁護士、中島・宮本・溝口法律事務所の佐々木康之郎弁護士、角田法律事務所の小林由佳弁護士、推薦文を書いて下さった高橋源一郎さん、そして『痴女の誕生』『巨乳の誕生』『日本エロ本全史』に引き続いて担当して下さったイースト・プレスの穂原俊二氏に深く感謝したい。

ところで、『巨乳の誕生』のあとがきで、あれだけ巨乳について書いていながら筆者は微乳好きであることを告白して驚かれたのだが、本書の最後でも告白しておこう。

筆者はパイパン派である。

参考年表

3万2000年前	フランス、ショーヴェ洞窟に人類最古といわれる女性の下半身の絵が描かれ、そこには陰毛も描かれていた。
紀元前4世紀	古代ギリシャのプラクシテレス、初の全裸女性像「クニドスのアフロディテ」を制作。
1299年	現存する最古の春画と言われる「小柴垣草紙」が描かれる。
1425年	マサッチオ「楽園追放」を描く。
1482年	ボッティチェリ、「ヴィーナスの誕生」を描く。
1510年	ジョルジョーネ「眠れるヴィーナス」を描く。イタリアで最初のヌードのために描かれたヌード絵画と言われる。
1538年	ティツィアーノ・ヴェチェッリオ、「ウルビーノのヴィーナス」を描く。
1655年頃	京都で春本の出版が始まる。
1670年	菱川師宣が日本で初めて一枚絵の版画を発売。
1722年	享保の改革により、好色本が禁止。以降非合法に販売される。 フランスでエロティック・カリカチュアが人気を集める。
1800年	ゴヤ、「裸のマハ」で、西洋美術で初めて実在の女性の陰毛を描く。
1839年	フランス科学アカデミーでカメラの元祖、ダゲレオタイプが発表される。すぐにヌード写真が撮影される。
1841年	ノエル＝マリエ・パイマール・ルルブール、パリのスタジオでヌードのダゲレオタイプを販売。
1848年	日本にダゲレオタイプ伝来。
1850年	フランス、ポルノ写真の販売を禁止。
1853年	ペリー来航。
1856年	アングル、ヌード写真をもとに「泉」を描く。
1859年	パリでポルノのステレオ写真が流行。

1862年	上野彦馬が長崎で、下岡蓮杖が横浜で写真館を開く。
1863年	マネ「草上の昼食」が問題に。
1865年	マネ「オランピア」が問題に。
1866年	ギュスターヴ・クールベ「世界の起源」を描く。
1869年	明治政府、混浴と春画の販売を禁じる。
1871年	東京府知事、裸体禁止令発令。
1882年	猥褻罪施行。
1887年頃	横浜写真流行
1889年	小説「蝴蝶」の渡辺省亭による挿絵が裸体画論争を巻き起こす。
1892年	ゴーギャン、「かぐわしき大地」で黒々とした陰毛を描く。
1895年	黒田清輝「朝妝」が第4回内国勧業博覧会出展で問題に。
1901年	白馬会第6回展で黒田清輝「裸体婦人像」をめぐる「腰巻事件」が起きる。
1907年	アルゼンチンで世界初のポルノ映画と言われる『エルサタリオ』制作。 この頃、フランスでエロティックなポストカードが流行。
1908年	警視庁、わいせつ文書一斉取締。裸体写真大量押収。 川崎安『人体美論』(隆文館)、陰毛無削除により発禁。
1913年	ドンゲン、「スペインのショール」がパリのサロンから撤去を命じられる。
1914年	第一次世界大戦勃発
1915年	野島康三が日本のヌード写真の先駆的作品である「樹による女」を撮影。
1917年	モディリアーニ、陰毛を描いた画が問題視されパリでの初めての個展が数時間で中止に。
1918年	第一次世界大戦終結
1927年	『アサヒカメラ』誌(朝日新聞社)投稿の田村榮撮影のヌード写真「静物と裸婦のポーズ」が削除を命じられる。

1928年	ヒンダ・ワッサーがバーレスクでうっかり性器をさらしてしまい、アメリカ最初のストリッパーと言われるようになる。
1934年	アメリカで映画製作倫理規定、通称「ヘイズ・コード」が実施。
1935年	イギリスでメンズマガジンの草分け『メン・オンリー』創刊。
1937年	ドイツで「大ドイツ芸術展」開催。「恥毛の巨匠」アドルフ・ツィーグラーの裸体画などが公開される。
1939年	第二次世界大戦勃発
1945年	第二次世界大戦終結
1946年	福田勝治が『カメラ』（アルス）4月号にヌード写真を発表。戦後ヌード写真ブームへ。
1947年	ストリップの元祖、額縁ショー開催。
	『猟奇』（茜書房）2号、戦後日本の猥褻文書摘発第1号。
	日本国憲法施行。表現の自由と検閲の禁止が定められる。
1948年	「四畳半襖の下張」摘発。
	『世界画報』4月号摘発。6月号では黒塗りで掲載。
	キャバレーやダンスホールで全ストが登場。
1949年	映画倫理機構（映倫）発足。
1950年	小説『チャタレイ夫人の恋人』（D・H・ローレンス著）摘発。
	カストリ雑誌、エロ雑誌の取締強化。
1951年	日本最初の公共裸婦像「平和の群像」が設置される。
	ブルーフィルムの名作『風立ちぬ』が制作される。
	『あまとりあ』（あまとりあ社）創刊号摘発。
1953年	米『プレイボーイ』創刊。
1955年	カストリ雑誌などで股間がスミベタ修正される。
	成人向け映画指定開始。

1957年 最高裁判所が『チャタレイ夫人の恋人』裁判で猥褻の定義を提示。

1959年 アメリカで劇場上映される初のヌード映画として『インモラル・ミスター・ティーズ』公開。

1960年 スウェーデン、ヘア解禁。

『悪徳の栄え（続）』（マルキ・ド・サド著 澁澤龍彦訳）摘発。

1962年 ピンク映画第1号『肉体の市場』公開。

1964年 『平凡パンチ』（平凡出版）創刊。

東京都青少年健全育成条例が施行され、不健全図書の指定がはじまる。

1967年 デンマーク、活字のポルノ解禁。

1968年 ミュージカル『ヘアー』で出演者が全裸になる。

ジョン・レノンとオノ・ヨーコ、アルバム『トゥー・ヴァージンズ』のジャケットで陰毛と性器を見せる。

ジョンソン大統領、「わいせつとポルノに関する諮問委員会」設置。

1969年 『悪徳の栄え（続）』最高裁で有罪に。

デンマーク、写真絵画についてもポルノ解禁。

ニューヨークでスウェーデン映画『私は好奇心の強い女』公開。

米『ペントハウス』4月号から陰毛本格露出。

少女ヌード写真集『ニンフェット 十二歳の神話』（ノーベル書房）発売。

1970年 アメリカでわいせつとポルノに関する諮問委員会、「ポルノの有害性は認められない」と報告。

1971年 スウェーデン、ポルノ解禁。

荒木経惟『センチメンタルな旅』を自主制作し、話題に。

米『プレイボーイ』誌陰毛露出。

『私は好奇心の強い女』日本公開。大幅にカット。

11月23日に日本でもポルノ解禁という噂が流れる。

1972年	ビニ本の元祖『下着と少女』（松尾書房）発売。
	アメリカでハードコアポルノ『ディープ・スロート』『グリーンドア』公開。
	日活ロマンポルノ摘発。
	「四畳半襖の下張」掲載の『面白半分』（面白半分）誌、摘発。
	週刊文春で「ヘア解禁アンケート」掲載。
1973年	米『ハスラー』、グラビアで性器を露出。
	総理府がおこなった「風俗・性に関する世論調査」ではポルノ解禁反対派が約70％。
1974年	『週刊プレイボーイ』（集英社）4月2日号で陰毛を「ヘア」と表現。
1975年	西ドイツ、ポルノ解禁。
	自販機本ブーム。
	『女性自身』（光文社）1月30日号、男性ヘアが写っていると摘発。
	東京国立近代美術館「ポール・デルボー展」図録で陰毛にボカシを入れて、ベルギー大使館から抗議される。
1976年	『愛のコリーダ』（三一書房）が起訴される。
1977年	『スタジオ・ボイス』（流行通信）、「陰毛解禁運動」連載開始。
1978年	富島健夫『初夜の海』（スポニチ出版）摘発。最後の文芸摘発。
1979年	『リトルプリテンダー 小さなおすまし屋さんたち』（ミリオン出版）発売。ロリータ写真集ブームに。
	裏ビデオ第1号『星と虹の詩』流通。
1980年	ビニ本『慢熟』（恵友書房）発売。空前のビニ本ブームへ。
	11月1日 大蔵省が「輸入図書恥毛緩和宣言」
	芳賀書店、取締役逮捕。
1981年	『週刊新潮』（新潮社）3月26日号、ストリーキング女性のヘア写真掲載して警告。その写真を掲載した『日刊ゲンダイ』（日刊現代）も厳重注意。

1982年	裏本が出回り始める。『ぼたん』『金閣寺』など発売。
	マン・レイの写真集輸入にストップ。
1983年	大阪「十三ミュージック」で愛染恭子が、陰毛露出で逮捕。
	『写真家マン・レイ』（みすず書房）4ヶ所を黒く塗って発売に。
	『NEW NUDE』（毎日新聞社）発売。警告を受ける。
	ビニ本が過激化したベール本が登場。
1984年	メイプルソープ『Lady－リサ・ライオン』（JICC出版局）発売
1985年	『ブルータス』（マガジンハウス）9月15日号「裸の絶対温度」発売。
	『NEW NUDE 2』発売。警告を受ける。
	映画『1984』東京国際映画祭において陰毛無修正で上映。
	中野D児、自主制作AV『D TIME-45』シリーズ発売開始。
1985年	新風営法施行。
1986年	『NEW NUDE 3』発売。わいせつ図画販売容疑で書類送検。
	芳賀書店がビニ本の取り扱いを停止。
1988年	写真集『写Girl88'』のダイレクトメールを送ったことで日本芸術出版がわいせつ図画頒布の疑いで摘発。
	『写真時代』（白夜書房）4月号回収。休刊に。
1989年	荒木経惟『TOKYO NUDE』（太田出版）発売。
	東京・埼玉連続幼女誘拐殺人事件。
1990年	ヘアビデオの元祖『女の秘湯』（ザイクスプロモーション）発売。
	篠山紀信『TOKYO NUDE』（朝日新聞社）発売。
1991年	樋口可南子『water fruit』（朝日出版社）発売。
	本木雅弘、『アンアン』（マガジンハウス）5月3日・11日合併号、写真集『White room』（朝日出版社）でヘア露出。

1992年

『芸術新潮』（新潮社）5月号荒木経惟特集号で警告。

松尾嘉代『黄金郷』（大陸書房）発売。

新藤恵美『熱帯夜』（大陸書房）発売。

『日時計』（竹書房）発売。

宮沢りえ『Santa Fe』（朝日出版社）発売で大騒動。

映画『美しき諍い女』ヘア無修　正で公開。

五味彬『YELLOWS』発売中止。1993年にデジタローグからCD-ROMで発売となる。

荒木経惟『写狂人日記』個展摘発。

警視庁「芸術性が高く真摯な表現であれば警告はしない」と発言。

映画『愛人 ラマン』『美しき諍い女』『氷の微笑』陰毛無修正で公開。

金沢靖『愛のかたち LOVE is LOVE』（竹書房）発売。翌月に警告。

『BIG4』（竹書房）創刊。

『芸術新潮』8月号「芸術的な、あまりに芸術的な〝ヘア〟特集」。三大新聞に広告も。10月30日に口頭警告。

島田陽子『Kir Royal』（竹書房）発売。

荻野目慶子『SURRENDER』（講談社）発売。

映倫、猥褻基準を見直す。

『宝島』（JICC出版局）11月9日号でヘアヌード掲載。

マドンナ『SEX by MADONNA』（同朋舎出版）発売。厳重注意を受ける。

1993年

『週刊現代』（講談社）新年合併号で初めて「ヘア・ヌード」の言葉が登場する。

『ザ・テンメイ』（竹書房）創刊。

『週刊ポスト』（小学館）、『週刊現代』毎号のようにヘアヌードを取り上げるように。

警視庁が竹書房、リイド社、朝日出版社にヘア自粛を要請。

1994年

渋谷パルコ・パート1の荒木経惟展で写真集を販売していた女性従業員とギャラリーの女性責任者が逮捕。

遠藤正『オーチン・ハラショー』(竹書房)発売。ロシア女性のヘアヌード写真集。

大竹しのぶ『light of the dark』(朝日出版社)発売。

石田えり『罪 immorale』(講談社)発売。ヘルムート・ニュートン撮影。

杉本彩『ENFIN』(風雅書房)発売。

山本リンダ『WANDJINA』(竹書房)発売。

白都真理『情事』(KKベストセラーズ)。

麻倉未稀『Si』(スコラ)発売
西川峰子『PRIVATE』(風雅書房)発売。

川島なお美『WOMAN』(ワニブックス)発売。

桂木文『For you』(竹書房)発売。

小沢なつき『早熟』(ワニマガジン)発売
石原真理子『Marie!』(竹書房)発売。

坂上香織『FLOWERS』(集英社)発売。

『オルガナイザー』(吐夢書房)がわいせつ図画販売の疑いで社長を逮捕
5月頃から『週刊ポスト』がグラビアでヘアをはっきり出し始める。

春くらいからエロ本でもヘアを出し始める。

大阪ミナミでヘア写真集レンタル専門店「写Girl」開店。

『ザ・テンメイ』8月号に警告。

月刊プレイボーイ、週刊プレイボーイがヘア解禁。

ヘアビデオ『Mary jane/河合メリージェーン』(ケイネットワーク)発売。他にもヘアビデオ続々発売。

『ペッピン』『スコラ』摘発。

幸福の科学「ヘアヌード反対デモ」

映画『愛の新世界』陰毛無修正で公開。邦画で初めて。

日本のヌード掲載週刊誌を置かないという外国航空会社が増加。

個人で契約できるインターネットプロバイダが登場。

武田久美子『Lady Casablanca』（スコラ）発売。

西川峰子『艶華』（光文社）発売。

中村晃子『FREEHAND』（竹書房）発売。

大竹一重『ひとえ』（竹書房）発売。

ルビー・モレノ『RUBY』（勁文社）発売。

速水典子『O』（ブックマン社）発売。

中村れい子『a stray beauty』（竹書房）発売。

水原ゆう紀『CONFUSE』（リイド社）発売。

水島裕子『VIGOR』（英知出版）発売。

ヘア・ヌード写真集発売ピークに。年間2百冊以上発売。

1995年

『週刊現代』1月5日号でヘアヌード断筆宣言。

『きクぜ2!』（竹書房）摘発。竹書房社長、編集者、加納典明が逮捕される。

KKベストセラーズ、ヘアヌード写真集から撤退宣言。

高岡早紀『one,two,three』（ぶんか社）発売。

羽賀研二&梅宮アンナ『アンナ 愛の日記』（新潮社）発売。

林葉直子『Confession』（竹書房）発売。

豊田薫監督『完全露出 恥骨フェチ 篠宮知世』（エデン）発売。カラミのある初のヘアビデオ。

1996年

藤田朋子『遠野小説』（風雅書房）発売も出版差し止めに。

竹書房、ヘアヌード写真編集部解体。

風雅書房倒産。

1997年　ビビアン・スー『VENUS』（ぶんか社）発売。

マドンナ『SEX by MADONNA』を発売した同朋舎出版が倒産。

菅野美穂『NUDITY』（ルー出版）発売。

1998年　原千晶『BORA BORA』（小学館）発売。

葉月里緒奈『RIONA』（ぶんか社）発売。

1999年　江角マキコ『E-MODE』（リトル・モア）発売。

小島聖『West by South』（朝日出版社）発売。

井上晴美『LIVE』（幻冬舎）発売。

児童ポルノ法施行。

2000年　『アサヒ芸能』（徳間書店）2月3日号よりヌード撤退するも、すぐに撤回。

2001年　川上麻衣子『MAIKO KAWAKAMI』（小学館）発売。

2002年　漫画『蜜室』（松文館）がわいせつ物にあたるということで社長、編集局長、漫画家が逮捕。2007年に最高裁判決で有罪に。

松坂慶子『さくら伝説』（フォーブリック）発売。

2003年　児島美ゆき『陽炎』（音楽専科社）発売。

井上貴子『KINBAKU』（双葉社）発売。

2004年　『週刊ポスト』ヌード撤退宣言。

かでなれおん『はだかのれおん』（朝日出版社）発売。

2006年　ビデ倫、ヘア解禁。

叶美香『Sweet Goddess』（バウハウス）発売。

	裏本の新作が作られなくなる。
2007年	ビデ倫、家宅捜索。翌年逮捕。審査終了。
2009年	篠山紀信、『20XX TOKYO』（朝日出版社）の撮影が公然わいせつの疑いで書類送検。
	後藤麻衣のイメージビデオ『千夜一夜の夢』（キングダム）、無毛のワレメ露出で摘発。
	細川ふみえ『Fumming』（講談社）発売。
	hitomi『LOVE LIFE2』（幻冬舎）発売。マタニティヘアヌード。
2010年	元竹書房の出版プロデューサー、二見曉死去。
2011年	嘉門洋子『嘉門洋子』（講談社）発売。
2012年	田畑智子『月刊NEO 田畑智子』（イーネット・フロンティア）発売。
	『週刊現代』1月21日号で「無毛ヌード時代がやってきた」特集。
	西本はるか『SHAPE』（講談社）発売。
	後藤理沙『at NUDE』（講談社）発売
2013年	今井メロ『Mellow Style』（講談社）発売。
2016年	中島知子『黒扉 KOKUHI』（講談社）発売。
2018年	山咲千里『NEW EARTH』（講談社）発売。
2019年	大手コンビニエンスストアがエロ本の取り扱いを中止。
	出版プロデューサー、高須基仁死去。
2020年	福田明日香『PASSIONABLE』（講談社）発売。

参考文献

〈書籍・ムック〉

・青木日出夫・監修「エロスの開花 18世紀」（本の友社）２０００年
・青木日出夫・編「図説エロスの世界 エロティカ愛夢編」（河出書房新社）１９９７年
・赤松啓介「性・差別・民俗」（河出書房新社）２０１７年
・阿久真子「裸の巨人 宇宙企画とデラべっぴんを創った男 山崎紀雄」（双葉社）２０１７年
・荒木経惟・末井昭「荒木経惟・末井昭の複写『写真時代』」（ぶんか社）２０００年
・荒俣宏「セクシーガールの起源」（朝日新聞社）２０００年
・飯沢耕太郎「ヌード写真の見方」（新潮社）１９８７年
・飯沢耕太郎・編「『写真時代』の時代！」（白水社）２００２年
・井狩春男「本を読んでる金曜日」（にっかん書房）１９９４年
・井狩春男「井狩春男のヘア・ヌード完全カタログ」（飛鳥新社）１９９４年
・石井光太「飢餓浄土」（河出書房新社）２０１１年
・井上章一＆関西性欲研究会「性の用語集」（講談社現代新書）２００４年
・内田剛弘・編「わいせつの終焉」（美神館）１９８４年
・永青文庫・春画展日本開催実行委員会「春画展」（春画展日本開催実行委員会）２０１５年
・えろちか臨時増刊「わいせつと性革命」（三崎書房）１９７１年
・大島渚「愛のコリーダ」（三一書房）１９７６年
・小田原のどか・編「彫刻１：空白の時代、戦時の彫刻 この国の彫刻のはじまりへ」（トポフィル）２０１８年
・織田祐二「グラビアアイドル『幻想』論」（双葉新書）２０１１年
・加藤周一＋池田満寿夫「エロスの美学」（朝日出版社）１９８１年
・川又ルチオ「ビバ！ビニ★ギャルズ」（立風書房）１９８１年
・川本耕次「ポルノ雑誌の昭和史」（ちくま新書）２０１１年
・木下直之「股間若衆 男の裸は芸術か」（新潮社）２０１２年
・木村重信「ヴィーナス以前」（中公新書）１９８２年
・ケネス・クラーク 高階秀爾／佐々木英也・訳「ザ・ヌード―裸体芸術論・理想的形態の研究」（美術出版社）１９８８年
・幸福の科学広報局・編「ストップ・ザ・ヘア・ヌード」（幸福の科学出版）１９９５年
・近藤久男「性愛の神秘」（南海書院）１９３１年
・酒井富蔵「国東半島におけるさいの神」（国東半島文化研究所）１９６４年
・佐野亨・編「昭和・平成 お色気番組グラフィティ」（河出書房新社）２０１４年
・下川耿史・編「世紀末エロ写真館」（青弓社）１９９６年
・下川耿史「日本エロ写真史」（青弓社）１９９５年
・白倉敬彦「江戸の春画」（洋泉社新書）２００２年

・白田秀彰「性表現規制の文化史」（亜紀書房）２０１７年
・ジューン・ローズ 宮下規久朗／橋本啓子・訳『モディリアーニ 夢を守りつづけたボヘミアン』（西村書店）２００７年
・春燈社編「ヌードの絵画史」（辰巳出版）２０１９年
・末井昭「素敵なダイナマイトスキャンダル」（復刊ドットコム）２０１３年
・「SALE2 No.38 グラマーの誘惑」（フィクション・インク）１９８９年
・関 楠生「ヒトラーと退廃芸術」（河出書房新社）１９９２年
・園田寿／臺宏士「エロスと『わいせつ』のあいだ」（朝日新書）２０１６年
・園山水郷「性と検閲」（彩流社）２０１５年
・タイモン・スクリーチ 高山宏・訳「春画 片手で読む江戸の絵」（講談社学術文庫）２０１０年
・多木浩二「ヌード写真」（岩波新書）１９９２年
・立花隆「アメリカ性革命報告」（文春文庫）１９８４年
・田中雅志「エロティック美術館」（河出書房新社）１９９６年
・永井豪「イヤハヤ南友」（講談社）１９７５－１９７６年
・長岡義幸「出版と自由」（出版メディアパル）２００９年
・中野明「裸はいつから恥ずかしくなったか」（ちくま文庫）２０１６年
・長澤均「ポルノ・ムービーの映像美学」（彩流社）２０１６年
・中谷陽「おお特出し 秘話・関西ストリップ」（立風書房）１９７４年
・「NEW NUDE」（毎日新聞社）１９８３年
・「NEW NUDE2」（毎日新聞社）１９８５年
・「NEW NUDE3」（毎日新聞社）１９８６年
・橋本健午「発禁・わいせつ・知る権利と規制の変遷 出版年表」（出版メディアパル）２００５年
・長谷川卓也「最近の猥褻出版」（三一書房）１９７９年
・長谷川卓也「猥褻出版の歴史」（三一書房）１９７８年
・長谷川卓也「猥色文化考」（新門出版社）１９８０年
・秦豊吉「芸人」（鱒書房）１９５３年
・早川聞多「春画 ジャパノロジー・コレクション」（角川ソフィア文庫）２０１９年
・原浩三「売春風俗史」（鱒書房）１９５５年
・福田和彦「浮世絵春画一千年史」（人類文化社）１９９９年
・美術手帖編集部「ヌードの美術史」（美術出版社）２０１２年
・藤木ＴＤＣ「アダルトビデオ革命史」（幻冬舎新書）２００９年
・布施英利「ヌードがわかれば美術がわかる」（集英社インターナショナル新書）２０１８年
・二見曉「僕は『ヘア』ヌードの仕掛人」（洋泉社）１９９４年
・フラヴィオ・フェブラロ 内藤憲吾・訳「エロティック美術の読み方」（創元社）２０１５年
・「文藝春秋デラックス 目で見る女性史 世界の美人」（文藝春秋）１９７５年
・別冊太陽「発禁本」（平凡社）１９９９年
・別冊太陽「地下本の世界」（平凡社）２００１年
・別冊宝島「20世紀の性表現」（宝島社）１９９５年
・宝泉薫「アイドルが脱いだ理由」（宝島社）２００１年
・マン・レイ 飯島耕一・訳「写真家マン・レイ」（みすず書房）１９８３年

・「ミルククラブ」（白夜書房）1991年
・向井爽也「日本の大衆演劇」（東峰出版）1962年
・南伸坊「さる業界の人々」（情報センター出版局）1981年年
・宮下規久朗「モディリアーニ モンパルナスの伝説」（小学館）2008年
・宮下規久朗「欲望の美術史」（光文社新書）2013年
・「メンズマガジンU・S・A・」（辰巳出版）1980年
・「ヨーロッパの男性雑誌大研究」（辰巳出版）1981年年
・山種美術館・編「近代日本画の裸婦」（山種美術館）1977年

〈雑誌・新聞〉

・「朝日新聞」（朝日新聞社）1975年1月30日、1980年11月2日号、1983年3月8日夕刊、1984年12月11日号、12月17日号、1985年6月1日号、1990年8月7日号、1991年4月26日号、6月11日号、1992年1月31日号、5月16日号、1993年3月17日号、11月1日号、12月2日号、1994年5月26日号、11月20日号、1995年2月21日号、2019年4月16日号
・「アンアン」（マガジンハウス）1991年5月3・11日号
・「潮」（潮出版社）1982年9月号
・「噂の真相」（噂の真相）1992年1月号、1993年10月号、1994年2月号、7月号、9月号、1995年2月号
・「オール大衆」（経済通信社）1981年年1月1・15日号
・「オレンジ通信」（東京三世社）1986年12月号、1989年4月号、1991年1月号〜1996年12月号
・「芸術新潮」（新潮社）1975年11月号、1991年5月号、1992年8月号、9月号、1993年5月号、1994年2月号、1995年6月号、2020年9月号
・「月刊百科」（平凡社）1980年12月号
・「現代」（講談社）1971年1月号、1985年8月号
・「広告批評」（マドラ出版）1994年10月号
・「ゴクウ」（英知出版）1991年8月号
・「ザ・テンメイ」（竹書房）1993年
・「サピオ」（小学館）1992年11月26日号
・「ザ・プレミア本」（綜合図書）1987年
・「ザ・プレミア本スペシャル」（綜合図書）1987年
・「ザ・ベストマガジンスペシャル」（KKベストセラーズ）1996年1月号、1997年1月号
・「産経新聞」（産経新聞社）1994年11月29日号
・「サンサーラ」（徳間書店）1994年9月号
・「サンデー毎日」（毎日新聞社）2000年3月19日号
・「GENT」（笠倉出版社）1982年5月号
・「女性自身」（光文社）1975年1月30日号
・「週刊アサヒ芸能」（徳間書店）1999年8月19・26日号〜11月4日号、2016年1月21日号、2018年2月8日号、9月6日号
・「週刊現代」（講談社）1960年3月6日号、1969年11月27日号、1971年11月18日号、1980年8月7日号、11月20日号、1984年6月23日号、1991年2月23日号、1993

年1月1・7日号、4月17日号、5月1日号、10月9日号、1994年1月15・22日号、12月24日号、2011年1月29日号、2012年1月21日号、3月3日号、2015年4月18日号
- 「週刊サンケイ」（産業経済新聞社）1960年5月23日号、1973年5月7日増刊号、1981年年1月22日号、12月17日号、1983年2月17日号
- 「週刊少年マガジン」（講談社）1975年6月29日号
- 「週刊新潮」（新潮社）1980年11月13日号、1981年年3月26日号、12月3日号、1985年6月13日号、9月12日号、1991年2月14日号、2月28日号、1993年12月9日号、1996年12月26日号、2016年8月23日号別冊
- 「週刊SPA!」（扶桑社）1991年4月3日号、1991年11月13日号、1999年12月15日号、2009年9月20日号
- 「週刊文春」（文藝春秋）1972年5月1日号、1980年11月27日号、1981年年2月19日号、1989年8月31日号、1991年11月14日号
- 「週刊平凡」（平凡出版）1983年2月17日号
- 「週刊宝石」（光文社）1985年10月18日号
- 「週刊ポスト」（小学館）1971年5月28日号、1989年9月8日号、1991年11月1日号、1992年9月18日号、11月13日号、12月4日号、12月25日号、1993年1月22日号、1月29日号、2月12日号、3月5日号、3月19日号、4月9日号、4月23日号、6月4日号、7月16日号
- 「週刊読売」（読売新聞社）1981年年12月20日号、1989年9月3日号
- 「ジュリスト」（有斐閣）1971年3月15日号
- 「スコラ」（スコラ）1994年9月22日号
- 「スタジオ・ボイス」（流行通信）1977年11月号～1978年5月号
- 「世界裸か画報」（季節風書店）1959年3月号
- 「ゼッピン」（ダイアプレス）1993年5月号
- 「総合ジャーナリズム研究」（総合ジャーナリズム研究所）1983年10月号
- 「ダ・カーポ」（マガジンハウス）1985年7月5日号
- 「宝島」（JICC出版局・宝島社）1992年11月9日号
- 「宝島30」（宝島社）1994年9月号
- 「地理」（古今書院）2015年4月号
- 「創」（創出版）1982年12月号、1993年10月号、1994年9月号、11月号、1995年3月号、7月号、1997年1月号
- 「DICK」（大洋書房）1984年12月号
- 「東京スポーツ」（東京スポーツ新聞社）1991年10月15日号、2004年6月20日号
- 「図書新聞」（図書新聞）1993年5月29日号
- 「日刊ゲンダイ」（日刊現代）2000年2月18日号
- 「日本カメラ」（日本カメラ社）1968年8月号
- 「ニューセルフ」（日正堂）1976年2月号
- 「バチェラー」（ダイアプレス）2018年3月号
- 「BIG4」（竹書房）1992年
- 「ビデオプレス」（大亜出版）1982年6月号
- 「100万人のよる」（季節風書店）1956年4月号、10月号

・「福娘」（ミリオン出版）1985年6月号
・「ブルータス」（マガジンハウス）1985年9月15日号、1990年9月1日号
・「日本版プレイボーイ」（集英社）1975年7月号、2007年2月号〜5月号
・「ヘイ！バディー」（白夜書房）1985年11月号
・「別冊笑の泉 新グラマー画報3」（一水社）1958年11月号
・「ベッピン」（英知出版）1993年5月号、1994年12月1日号
・「宝石」（光文社）1994年5月号
・「北海道新聞」（北海道新聞社）1983年3月8日夕刊
・「毎日新聞」（毎日新聞社）1983年3月8日夕刊
・「ミステリマガジン」（早川書房）1972年2月号
・「読売新聞」（読売新聞社）1983年3月8日号夕刊、1988年10月22日号、1991年10月13日号、1994年1月14日号

〈論文など〉

・小谷野捷治「風俗関係営業の現状と問題点 いわゆるビニール本販売店、ノーパン喫茶等問題営業の出現」（『警察公論』1981年6月号掲載）
・木下直之「春画と裸体画問題」（「文化資源学」13号掲載）2015年
・関谷一彦「18世紀フランスのエロティックな版画と日本の春画」（「外国語・外国文化研究」13掲載）2004年
・総理府大臣官房広報室「風俗・性に関する世論調査」1973年

〈インターネット〉

・木下拓海「おっぱいかく戦えり 地上波最後のおっぱいを探せ」（「BLOGOS」2017年6月13日掲載）https://blogos.com/article/228312/
・zookoo11「裸婦像放浪記」https://zookoo.exblog.jp/
・松沢呉一「毛から世界を見る」（「ビバノンライフ」2016年7月17日〜2020年8月19日掲載）https://www.targma.jp/vivanonlife/
・元木昌彦「平成挽歌—いち雑誌編集者の懺悔録」（「Net IB News」2019年7月30日掲載）https://www.data-max.co.jp/article/30693

〈DVD〉

・ヴィンテージ・エロティカ・コレクション（ヴィンテージ・エロティカ）

協力　豊田薫
新川貴詩
ばるぼら
校正　東京出版サービスセンター
本文ＤＴＰ　小林寛子
イラストレーション　ウメムラノリミチ
ブックデザイン　鈴木成一デザイン室

安田理央（やすだ・りお）

1967年埼玉県生まれ。ライター、アダルトメディア研究家。美学校考現学研究室（講師＝赤瀬川原平）卒。主にアダルトテーマ全般を中心に執筆。特にエロとデジタルメディアとの関わりや、アダルトメディアの歴史をライフワークとしている。AV監督やカメラマン、またトークイベントの司会や漫画原作者としても活動。主な著書として『痴女の誕生　アダルトメディアは女性をどう描いてきたのか』『巨乳の誕生　大きなおっぱいはどう呼ばれてきたのか』『日本エロ本全史　』（すべて太田出版）、『AV女優、のち』（角川新書）、『日本縦断フーゾクの旅』（二見書房）、雨宮まみとの共著『エロの敵』（翔泳社）などがある。

ヘアヌードの誕生《たんじょう》
芸術と猥褻のはざまで陰毛は揺れる

二〇二一年六月一日　初版第一刷発行

著者　安田理央
編集発行人　穂原俊二
発行所　株式会社イースト・プレス
〒一〇一-〇〇五一
東京都千代田区神田神保町二-四-七 久月神田ビル
電話〇三-五二一三-四七〇〇
ファクス〇三-五二一三-四七〇一
https://www.eastpress.co.jp
印刷所　中央精版印刷株式会社

ISBN978-4-7816-1990-3 C0095